파고다
오픽의신神
OPIC
IM2-AL

전면
개정3판

파고다
오픽의신神
OPIC
IM2-AL 전면 개정3판

초 판	1쇄 발행	2017년 3월 20일
개정 2판	1쇄 발행	2020년 12월 1일
개정 3판	1쇄 인쇄	2024년 7월 31일
개정 3판	1쇄 발행	2024년 8월 7일

지 은 이 | 김소라
펴 낸 이 | 박경실
펴 낸 곳 | **PAGODA Books** 파고다북스
출판등록 | 2005년 5월 27일 제 300-2005-90호
주 소 | 06614 서울특별시 서초구 강남대로 419, 19층(서초동, 파고다타워)
전 화 | (02) 6940-4070
팩 스 | (02) 536-0660
홈페이지 | www.pagodabook.com

저작권자 | ⓒ 2024 김소라

ISBN 978-89-6281-921-2 (13740)

파고다북스	www.pagodabook.com
파고다 어학원	www.pagoda21.com
파고다 인강	www.pagodastar.com
테스트 클리닉	www.testclinic.com

▌낙장 및 파본은 구매처에서 교환해 드립니다.

파고다 오픽의神 OPIC
IM2-AL

전면
개정3판

PAGODA Books

Contents

↳ 오픽 전략 수립
  동영상 바로가기

SECTION 1 빈출 주제

SECTION 2 비빈출 주제

SECTION 3 Actual Test

≫ 오픽 전략 수립

오픽 문제 구성

- 시험 시간 40분 (초과 시 이후 음성은 미전달)
- 문항 당 답변 제한 시간은 없음 (전체 최소 30 ~ 35분 이상 답변 권장)
- 주제 5세트 (총 15문항 출제)
- 서베이 선택형 주제 3개 + 공통형 주제 2개
- 1번 자기소개는 난이도 5, 6을 선택할 시에는 평가 반영이 안 되므로 무응답 (난이도 5나 6을 선택해야 AL 등급까지 취득이 가능하며, 이 교재는 난이도 5, 6 기반의 기출과 커리큘럼을 다루고 있음)

1 발화량 안배 전략

1. 자신 있는 주제 출제 시 최대한 많은 디테일 주기

자신 있는 주제: 문항 당 최소 2분 이상

자신 없는 주제: 문항 당 약 1분

2. Int 문항보다 Adv 문항에서 예시와 부연 설명으로 더 상세하게 진술하기

Int 유형: 문항당 1분 30초 ~ 2분 이상

Adv 유형: 문항당 2분 ~ 2분 30초 이상

3. NEXT 버튼 클릭 후, PLAY 버튼 클릭 전 다음 문항을 예측하며 답변 소재를 머릿속에 정리하기

문항당 약 30초~1분 준비 및 연습 권장

2 질문 청취 전략

오픽 질문은 전체적 요지를 묻는 질문과 부차적인 질문이 연쇄적으로 나오며 답변 소재의 예시를 들어주는 경우가 대다수다. 질문의 모든 세부 사항에 촉각을 세우고 해석하며 대응하는 것은 동문서답으로 이어질 가능성이 높기 때문에 주제와 질문 유형을 알 수 있는 ☆키워드를 2~5개 정도만 듣고 빠르게 요지를 분석해야 한다. 오픽의 모든 질문의 주제는 다양하지만, 사실은 정형화 되어있기 때문에 이를 직관적으로 나타내는 키워드만 들어도 어떤 유형의 질문인지 빠르게 인지할 수 있다. 이러한 전략에 근거하여 〈파고다 오픽의 신〉의 주제 별 기출 문제 분석도 유형을 인지할 수 있는 대표 키워드만 제시되어 있다. 해당 키워드를 미리 숙지하여 실전에서 질문을 들었을 때 곧장 머릿속으로 답변을 준비할 수 있도록 하자.

*아래 제시된 대로 선택해야 이 수험서에서 학습한 주제와 질문이 출제됨

1. 현재 귀하는 어느 분야에서 종사하고 계십니까?

☐ 사업/회사　　　☐ 재택근무/재택 사업　　　☐ 교사/교육자　　　☐ 군복무　　　☑ 일 경험 없음
↳ 이 주제는 골라도
나오지 않는다

2. 현재 귀하는 학생이십니까?

☐ 네　　　　　　　　　　　　　　　　☑ 아니오
↳ 이 주제는 골라도
나오지 않는다

2.2. 예전에 들었던 강의 목적은 무엇입니까?

☐ 학위 과정 수업　　　☐ 전문 기술 향상을 위한 평생 학습　　　☐ 어학 수업　　　☑ 수강 후 5년 이상 지남
↳ 이 주제는 골라도
나오지 않는다

3. 현재 귀하는 어디에 살고 계십니까?

☑ 개인주택이나 아파트에 홀로 거주

☐ 친구나 룸메이트와 함께 주택이나 아파트에 거주

☐ 가족(배우자/자녀/기타 가족 일원)과 함께 주택이나 아파트에 거주

☐ 학교 기숙사

☐ 군대 막사

4. 귀하는 여가 활동으로 주로 무엇을 하십니까? (두 개 이상 선택)

		이 주제는 골라도 ↳ 나오지 않는다	이 주제는 골라도 ↳ 나오지 않는다
☑ 영화 보기	☐ 클럽/나이트클럽 가기	☑ 공연 보기	☑ 콘서트 보기
☐ 박물관 가기	☐ 공원 가기	☐ 캠핑하기	☐ 해변가기
☐ 스포츠 관람	☐ 주거개선	☐ 술집/바에 가기	☐ 카페/커피전문점 가기
☐ 게임하기(비디오, 카드, 보드, 휴대전화 등)		☐ 당구치기	☐ 체스하기
☐ SNS에 글 올리기	☐ 친구들과 문자 대화하기	☐ 시험 대비 과정 수강하기	☐ 구직활동 하기
☐ 리얼리티쇼 시청하기	☐ 뉴스를 보거나 듣기	☐ 요리 관련 프로그램 시청하기	☑ 쇼핑하기
☐ 차로 드라이브하기	☐ 스파/마사지 가게 가기	☑ TV 시청하기	☐ 자원봉사 하기

5. 귀하의 취미나 관심사는 무엇입니까? (한 개 이상 선택)

☐ 아이에게 책 읽어주기	☑ 음악 감상하기	☐ 악기 연주하기
☐ 글쓰기(편지, 단문, 시 등)	☐ 그림 그리기	☐ 요리하기
☐ 애완동물 기르기	☐ 독서	☐ 춤추기
☐ 주식 투자하기	☐ 신문 읽기	☐ 여행 관련 잡지나 블로그 읽기
☐ 사진 촬영하기	☐ 혼자 노래 부르거나 합창하기	

6. 귀하는 주로 어떤 운동을 즐기십니까? (한 개 이상 선택)

☐ 농구	☐ 야구/소프트볼	☐ 축구	☐ 미식축구
☐ 하키	☐ 크로켓	☐ 골프	☐ 배구
☐ 테니스	☐ 배드민턴	☐ 탁구	☐ 수영
☐ 자전거	☐ 스키/스노보드	☐ 아이스 스케이트	☑ 조깅 → 이 주제는 골라도 나오지 않는다
☑ 걷기 → 이 주제는 골라도 나오지 않는다	☐ 요가	☐ 하이킹/트레킹	☐ 낚시
☐ 헬스	☐ 태권도	☐ 운동 수업 수강하기	☑ 운동을 전혀 하지 않음 ↳ 이 주제는 골라도 나오지 않는다

7. 당신은 어떤 휴가나 출장을 다녀온 경험이 있습니까? (한 개 이상 선택)

☐ 국내 출장　　　☐ 해외 출장　　　☑ 집에서 보내는 휴가　　　☑ 국내 여행　　　☑ 해외여행

≫ 학습 단계 별 구성

출제 유형 학습

- 예상 질문이 아닌 시험에서 실제로 출제되는 질문만 분석
- 질문 전체를 듣고 해석하는 것은 시간 낭비
- 오픽 질문 유형은 어차피 난이도별로 정형화
- 5개 이하의 키워드 청취로 질문 유형과 시제만 파악
- 주제 관련 키워드 파악은 해당 SET의 첫 질문만(예를 들어, 2번이 Music이면 3, 4번도 동일)

주제 별로 출제되는 정형화 된 기출 유형을 사전에 숙지해 두기 위한 과정이다. 이 과정을 통해 단순 기출 분석이 아닌, 해당 주제가 시험에 출제될 시 후속 문항을 예측하여 미리 답변을 생각해 두는 전략이 관건이다. 대부분의 응시자는 정확한 기출 데이터가 없는 상태에서 접근하기 때문에 동일 주제에 대한 후속 문항을 예측하는 것은 엄두도 못 낼뿐더러, 그 자리에서 질문을 해석하기 때문에 동문서답을 하거나 과제 수행을 제대로 못 하는 경우가 대다수다. 체계적이고 정확한 출제 유형 분석을 통해 질문에서 요구한 과제 수행만큼은 정확히 하도록 하자.

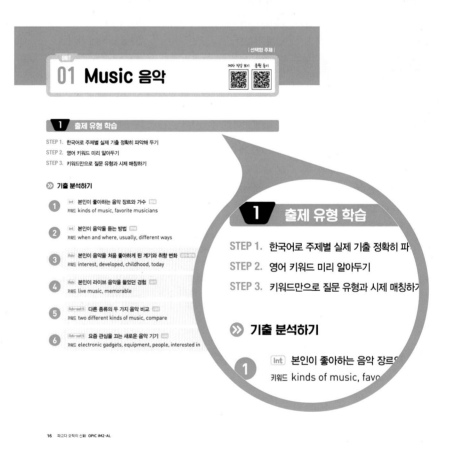

- 처음부터 영문으로 된 스크립트 통 암기는 최악의 학습 방법
- 답변 방향 → 소재 → 핵심 어휘 → 영어 문장 → 완성 스크립트 순서로 접근
- 모국어로 답변의 전개 방향 정리가 1순위
- 어떤 소재와 스토리라인으로 답할 것인지 미리 구상 필수
- 답변 소재와 직관적으로 연결되는 핵심 어휘들부터 점진적으로 학습

모범 답변을 처음부터 외국어로 학습하는 것은 효과적이지 못하다. 한 번에 많은 양의 영어 텍스트를 소화하기 전에 각 기출 유형별로 어떤 소재로 구성할 것인지 간단한 내용 구축과 핵심 키워드 학습을 통해 답변의 뼈대를 탄탄하게 형성해 놓는 것이 스크립트나 표현을 오래 기억하는 방법이다. 이는 중간에 일부 표현이나 암기된 문장이 생각나지 않더라도, 전반적인 내용 흐름에 핵심이 되는 키워드를 정확히 파악하고 있기 때문에 즉석에서 간단한 문장을 만들어 자연스럽게 위기를 모면할 수 있다.

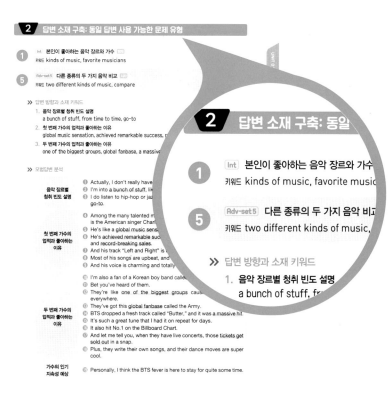

- 본인의 실제 경험이나 성향에 알맞게 일부 어휘는 교체하여 숙지
- 상위 등급으로 이어지는 문장의 큰 구조나 뼈대는 그대로 사용
- 강세/비강세어 혹은 강세 음절/비강세 음절을 구분하여 영어에 맞는 강세와 리듬 형성
- 문맥의 흐름과 어울리는 발화 페이스, 톤 앤 매너, 그리고 속도 완급조절
- 발화 중 긴 침묵 대신 문맥에 어울리는 연결어(so, actually, eventually 등)나 담화 표지어(what else?, well 등)를 적소에 사용

각 기출 문항의 모범 답변을 숙지하여 수준 높은 문장이나 표현에 대한 감각을 시험 전까지 꾸준히 향상해 놓아야 한다. 영어 문장을 암기하는 것은 결코 잘못된 학습법이 아니다. 해당 문장을 이해하지 않고 맹목적으로 암기하는 것은 지양해야 하나, 외국어를 단기간에 안정적으로 구사할 수 있다는 인상을 주려면 일부 암기는 필수 불가결하다.

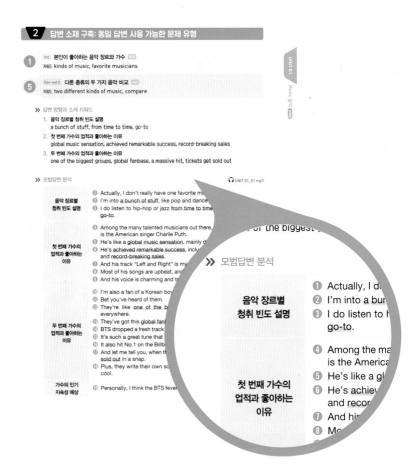

학습된 답변 발화 훈련

- 객관화가 안된 말하기 연습은 오히려 독
- 매일 꾸준히 스스로 녹음하여 들어보며 맹점 찾기
- 책의 모범 답변과 대조해 보며 자주 틀리는 부분 반드시 체크
- 한 번에 여러 개의 취약점을 개선하는 것은 절대 불가능
- 취약점을 하나씩 개선한다는 생각으로 한 가지만 집중 연습
- 개선되면 다음 취약점을 의식하며 말하기 연습 반복

자가 진단 Check List

1. 학습자에게 해당하는 내용으로 일부 어휘는 교체하였는가? ☐
2. 발음, 강세 중심이 잘 잡혔는가? ☐
3. 답변의 내용 및 분위기에 어울리는 억양과 어조로 말하였는가? ☐
4. 문장들을 결속시키는 연결사와 표지어를 적소에 잘 사용하였는가? ☐
5. 발화 속도가 문맥과 어울리게 완급조절을 적절히 하였는가? ☐
6. 질문에서 요구한 시제에 알맞은 동사를 사용하였는가? ☐
7. 구와 절 단위로 어구를 묶어서 말하였는가? ☐
8. 문맥에 어울리지 않는 표지어를 남발하지 않았는가? ☐
9. 침묵이 너무 길어지거나 잦지 않았는가? ☐
10. 수식어를 다양하게 사용했는가? ☐

최소의 학습량으로 효과적으로 학습하는 전략

- Intermediate 난이도 문항은 복잡한 시제나 문장 구조 사용이 불필요한 평이한 수준의 유형이므로 주제와 연관성이 높은 어휘를 중심으로 학습하는 것이 효과적이다.

- Advanced 난이도의 경험 유형은 미리 정해놓은 경험 소재를 활용하여 다양한 주제에 광범위하게 활용할 수 있게 하는 것이 이 책의 가장 핵심적인 전략이다. 모든 주제마다 경험을 독립적으로 준비하기에는 한계가 있기 때문에 어느 주제에서 언급해도 이질감이 최소한으로 느껴지는 스토리로 반복적인 학습이 가능하도록 구비 되어 있다. 반복되는 스크립트가 나오는 경우가 이에 해당하는 경우며 그때마다 반복적으로 스크립트를 여러 번 학습하며 경험 유형에서 가장 중요한 시제 오류를 최소화하는 것이 효과적 전략이다. 즉, 공통분모가 될 수 있는 소재/답변을 학습 효율을 위해 재활용하는 전략으로, 질문 요지와 최소한의 논리적 연결이 필요하다. 반복적으로 사용하게 될 경험 스토리는 스크립트 상단에 **범용성 최상 답변**을 별도로 표기하여 독자가 쉽게 알아볼 수 있게 해두었다.

≫ 〈파고다 오픽의 신〉 효율적인 학습법

STEP 1

각 주제의 Advanced 문항 위주로 답변 내용의 핵심 즉, 답변의 소재나 문단을 한국어로 요약하여 정리한다. 단, 번역이 아닌 전개할 이야기나 소재를 머릿속에 확실히 구축해 두는 것이 목적이다.

> ex. Adv **두 종류의 음악/가수 비교**
> - **Charlie Puth:** 저명한 가수, 상 많이 받음, 히트곡 많음, 멜로디와 가사 좋음, 감동적이며 귀에 쏙 들어옴, 독특한 음색, 음원차트 1위
> - **BTS:** 한국의 유명한 아이돌 그룹, 외모 출중, 멋진 안무, 세계적인 팬층 보유, 둘 다 좋아하는 실력 있는 가수

STEP 2

문단 별 핵심 어휘와 어구를 1분 이내로 나열해 본다.

> ex. go-to, particular type, one of the most well-known, catchy tune, trendy vibe, unique voice, hit No.1, have fans all around the global, talented etc.

STEP 3

STEP 2에서 나열한 어휘를 보면서 영어 문장으로 확장한다. 문장으로 확장이 어려운 부분은 모범 답변을 참고하여 자신의 취약점 찾아본다. 또한, 잘 만들어지지 않는 문장이나 입에 붙지 않는 어려운 표현들 위주로 표시해 두어야 한다. 표시해 두는 이유는 스스로 만들 수 있는 문장과 상대적으로 완성도가 떨어지는 문장을 구분하여 스크립트에서 학습 우선순위를 정하기 위해서이다. (문장 사이에 긴 침묵 발생 시 처음부터 다시 시작한다.)

STEP 4

문장을 연결어나 담화 표지어로 결집해 완성도 있는 문단으로 확장한다. 문맥과 어울리는 톤 앤 매너와 억양, 자연스러운 발화 스타일, 속도와 페이스 완급조절, 맥락에 맞는 연결어, 담화 표지어를 사용하여 문장의 나열이 아닌 문단의 구조를 이루도록 연습한다.

위의 학습 순서를 다시 한번 정리하자면,

STEP 1. 모국어로 내용의 뼈대를 구축한다.

STEP 2. 영어로 어휘나 어구를 나열한다.

STEP 3. STEP 2의 표현을 토대로 영어 문장을 만든다.

STEP 4. 연결어를 추가하여 문단을 완성한다. ⋯▸ 발화 스타일 다듬기 ⋯▸ 주제별 질문 유형 암기

≫ 오픽 등급 별 자격 요건

Advanced Low	생각, 경험을 유창히 표현하는 수준. 일괄적인 시제 관리, 묘사 및 설명에 다양한 형용사를 사용, 적절한 접속사/연결어 사용으로 문장 간의 결속력이 높고 문단의 구조를 능숙히 구성한다. 익숙지 않은 복잡한 상황에서도 문제를 설명, 해결할 수 있다.
Intermediate High	문법적으로 크게 오류가 없는 문단 단위의 언어를 구사하고 기본적인 토론과 업무 관련 의사소통이 가능하다. 익숙하지 않거나 예측하지 못한 복잡한 상황을 만날 때, 대부분의 상황에서 사건을 설명하고 문제를 효과적으로 해결 가능하다. 발화량이 많고 다양한 어휘를 사용한다.
Intermediate Mid	문법적 오류를 범하나 문장 단위의 언어를 구사하고 깊은 토론 외의 의사소통이 가능하다. 일상적인 소개 및 익숙한 상황을 문장으로 표현할 수 있다. 다양한 문장 형식이나 어휘를 실험적으로 사용하려고 하며 상대방이 조금만 배려해 주면 오랜 시간 대화가 가능하다.
Intermediate Low	일상적인 소재만 짧은 문장으로 구성하며 말할 수 있다. 대화에 참여하고 선호하는 소재에서는 자신감 있게 말할 수 있다.
Novice High	단어나 어구를 통한 의사소통이 가능하며, 일상적이고 간단한 대화가 가능하다. 일상적인 소재에 대해 복합적인 단어 혹은 문장으로 말할 수 있다.
Novice Mid	이미 암기한 단어나 문장으로 말하기를 할 수 있다.
Novice Low	제한적인 수준이지만 영어 단어를 나열하며 말할 수 있다.

※ IM 등급은 Fluency, Delivery, Production을 기준으로 IM-1(하), IM-2(중), IM-3(상) 으로 세분되어 제공됩니다.

오픽의 4대 기본 평가 요소

Text Type
문장 구조와 수준 + 관용구 활용 빈도

Context & Content
주제 연관 어휘력 + 발화량

Task & Function
질문에서 요구한 과제 수행력
+ 사회적 이슈/트렌드

Comprehensibility / Accuracy
전달력(강세/발음) + 문법 + 발화속도

SECTION

1

빈출 주제

UNIT 01 Music 음악

저자 직강 보기 음원 듣기

1 출제 유형 학습

STEP 1. 한국어로 주제별 실제 기출 정확히 파악해 두기

STEP 2. 영어 키워드 미리 알아두기

STEP 3. 키워드만으로 질문 유형과 시제 매칭하기

≫ 기출 분석하기

1 [Int] 본인이 좋아하는 음악 장르와 가수 [현재]
키워드 kinds of music, favorite musicians

2 [Int] 본인이 음악을 듣는 방법 [현재]
키워드 when and where, usually, different ways

3 [Adv] 본인이 음악을 처음 좋아하게 된 계기와 취향 변화 [과거-현재]
키워드 interest, developed, childhood, today

4 [Adv] 본인이 라이브 음악을 들었던 경험 [과거]
키워드 live music, memorable

5 [Adv-set 5] 다른 종류의 두 가지 음악 비교 [시사]
키워드 two different kinds of music, compare

6 [Adv-set 5] 요즘 관심을 끄는 새로운 음악 기기 [시사]
키워드 electronic gadgets, equipment, people, interested in

2 답변 소재 구축: 동일 답변 사용 가능한 문제 유형

1

[Int] **본인이 좋아하는 음악 장르와 가수** [현재]

키워드 kinds of music, favorite musicians

5

[Adv-set5] **다른 종류의 두 가지 음악 비교** [시사]

키워드 two different kinds of music, compare

» **답변 방향과 소재 키워드**

1. **음악 장르별 청취 빈도 설명** a bunch of stuff, from time to time, go-to

2. **첫 번째 가수의 업적과 좋아하는 이유**
   global music sensation, achieved remarkable success, record-breaking sales

3. **두 번째 가수의 업적과 좋아하는 이유**
   one of the biggest groups, global fanbase, a massive hit, tickets get sold out

» **모범답변 분석** 🎧 UNIT 01_01.mp3

음악 장르별 청취 빈도 설명	❶ Actually, I don't really have one favorite music style. ❷ I'm into a bunch of stuff, like pop and dance jams. ❸ I do listen to hip-hop or jazz from time to time, but they're not my go-to.
첫 번째 가수의 업적과 좋아하는 이유	❹ Among the many talented musicians out there, one of my top picks is the American singer Charlie Puth. ❺ He's like a global music sensation, mainly doing R&B and pop. ❻ He's achieved remarkable success, including lots of music awards and record-breaking sales. ❼ And his track "Left and Right" is my jam. ❽ Most of his songs are upbeat, and they really pump me up. ❾ And his voice is charming and totally unique.
두 번째 가수의 업적과 좋아하는 이유	❿ I'm also a fan of a Korean boy band called BTS. ⓫ Bet you've heard of them. ⓬ They're like one of the biggest groups causing a huge buzz everywhere. ⓭ BTS dropped a fresh track called "Butter," and it was a massive hit. ⓮ It also hit No.1 on the Billboard Chart. ⓯ And let me tell you, when they have live concerts, those tickets get sold out in a snap. ⓰ Plus, they write their own songs, and their dance moves are super cool.
가수의 인기 지속성 예상	⓱ Personally, I think the BTS fever is here to stay for quite some time.

❶ 사실, 제가 특정한 음악 스타일 하나만 선호하는 것은 아닙니다. ❷ 팝 음악과 댄스 음악 같은 여러 가지 스타일을 즐깁니다. ❸ 때때로 힙합이나 재즈 같은 장르도 감상하지만, 가장 자주 듣진 않습니다. ❹ 전 세계에 많은 재능 있는 음악가들이 있지만, 그중 저는 미국의 가수 찰리 푸스를 가장 좋아합니다. ❺ 그는 세계적인 음악 센세이션을 일으켰는데, 주로 R&B와 팝 음악을 합니다. ❻ 그는 놀랄 만한 성공을 거두었고, 다수의 음악상을 수상하며 음반 판매 기록을 경신하기도 했습니다. ❼ 그의 Left and Right라는 곡은 제가 특히 좋아하는 곡입니다. ❽ 그의 노래 대부분은 활기차고 저를 신나게 만들어줍니다. ❾ 그리고 그의 목소리도 매력적이고 독특합니다. ❿ 저는 한국의 남성 그룹 BTS의 팬이기도 합니다. ⓫ 아마도 그들을 들어보신 적이 있을 거예요. ⓬ 그들은 전 세계적으로 큰 인기를 끌고 있는 그룹 중 하나입니다. ⓭ BTS는 '버터'라는 신곡을 발표했는데, 그것은 대단한 히트를 기록했습니다. ⓮ 이 곡은 빌보드 차트에서도 1위를 차지한 적이 있습니다. ⓯ 그리고 말씀드리자면, 그들의 라이브 공연 티켓은 순식간에 매진됩니다. ⓰ 게다가 그들은 곡을 직접 작사도 하고, 안무 또한 정말 멋집니다. ⓱ 개인적으로는 BTS 열풍이 한동안 지속될 것으로 생각합니다.

2 | Int | 본인이 음악을 듣는 방법 | 현재 |

키워드 when and where, usually, different ways

6 | Adv-set 5 | 요즘 관심을 끄는 새로운 음악 기기 | 시사 |

키워드 electronic gadgets, equipment, people, interested in

》 답변 방향과 소재 키워드

1. **휴대전화 사용으로 편리해진 음악 듣기**
   smartphone, everywhere, wherever

2. **스트리밍 서비스의 장점**
   convenient, useful, thousands of songs, easy searching, own playlists, sound quality

3. **블루투스 기기의 장점**
   game-changer, wireless, hassle-free

》 모범답변 분석 ～→ 범용성 최상 답변(p11 학습 전략 참고)   🎧 UNIT 01_02.mp3

휴대전화 사용으로 편리해진 음악 듣기	❶ I usually enjoy music on my smartphone, which I carry everywhere, allowing me to listen to music wherever I go.
스트리밍 서비스의 장점	❷ I'm all about those streaming sites for my music fix. ❸ They're convenient and useful in many ways. ❹ You have thousands of songs at your fingertips, easy searching, and the real kicker is that you can create your own playlists. ❺ These platforms utilize algorithms to suggest similar songs for your playlists. ❻ Notably, sound quality has improved a lot.
블루투스 기기의 장점	❼ Also, both cell phones and computers have Bluetooth. ❽ That means you can hook them up to Bluetooth earphones or speakers. ❾ Those gadgets are everywhere these days, and they're a game-changer. ❿ No cords to mess with, and it's all wireless and hassle-free. ⓫ Personally, I got AirPods as a birthday gift and haven't looked back.
마무리 일단락	⓬ So, there it is. This is how I listen to music these days.

❶ 저는 주로 스마트폰을 통해 음악을 즐기는데, 항상 핸드폰을 가지고 다니기 때문에 어디서든 음악을 듣게 됩니다. ❷ 음악을 즐기기 위해서는 스트리밍 서비스를 이용합니다. ❸ 이 서비스들은 다양한 면에서 편리하고 유용합니다. ❹ 수천 개의 곡을 손쉽게 찾아 들을 수 있고, 자신만의 플레이리스트를 만들 수 있다는 것이 큰 장점입니다. ❺ 이러한 플랫폼은 알고리즘을 활용하여 유사한 곡을 플레이리스트에 제안하기도 합니다. ❻ 특히 음질도 많이 향상되었습니다. ❼ 뿐만 아니라 휴대폰과 컴퓨터는 블루투스를 지원합니다. ❽ 이것은 블루투스 이어폰이나 스피커에 연결할 수 있음을 의미합니다. ❾ 이러한 기기들이 요즘에는 어디서나 사용되며 혁신적인 역할을 하고 있습니다. ❿ 별도의 선을 다룰 필요가 없으며, 모든 것이 무선으로 간편합니다. ⓫ 저는 생일 선물로 에어팟을 받아 사용 중이고, 만족하고 있습니다. ⓬ 그렇습니다. 이것이 요즘 저의 음악 감상 방법입니다.

3

Adv 본인이 음악을 처음 좋아하게 된 계기와 취향 변화 과거-현재

키워드 interest, developed, childhood, today

>> 답변 방향과 소재 키워드

1. **학창 시절 유행했던 아이돌 문화에 입문**
   2000's hits, retro-style tracks, all the rage, own vibe, passionate, busting out covers

2. **K-pop의 성행으로 다양한 히트곡 청취**
   K-pop, remarkable evolution, dominant force, contemporary, recent chart-toppers

>> 모범답변 분석   🎧 UNIT 01_03.mp3

학창 시절 유행했던 아이돌 문화에 입문	❶ I think I first got into music when I was younger. ❷ I used to groove to a lot of Korean 2000's hits, and those retro-style tracks were all the rage. ❸ The 2000's music scene had its own vibe. ❹ And singers were seriously passionate about their music. ❺ They lived and breathed it, which is why their tunes still hit us right in the feels. ❻ And guess what, even today, lots of singers are busting out covers of those 2000s classics.
K-pop의 성행으로 다양한 히트곡 청취	❼ But as time rolled on, the music scene changed a lot. ❽ And I think my music taste changed right along with it. ❾ Korean pop music, known as K-pop, has gone through a remarkable evolution. ❿ It's become a dominant force in the industry. ⓫ Personally, I find myself tuned in to a lot of contemporary Korean music, especially the recent chart-toppers.
음악 산업의 변화와 더불어 나의 취향도 변화	⓬ So, yeah, it's safe to say that my music groove went along with the industry's twists and turns.

❶ 제가 음악에 흥미를 느끼게 된 것은 어릴 때였습니다. ❷ 저는 2000년대 한국의 히트곡들을 많이 즐겼고, 그러한 레트로 스타일의 곡들이 유행했습니다. ❸ 2000년대 음악은 그만의 분위기를 가지고 있었죠. ❹ 그리고 가수들은 음악에 진심으로 열정적이었습니다. ❺ 그들은 음악을 살아 숨 쉬도록 표현했기 때문에 그들의 곡들은 아직도 우리의 감정을 자극합니다. ❻ 심지어 오늘날에도 많은 가수들이 2000년대의 클래식 곡들을 커버하고 있죠. ❼ 하지만 시간이 흐름에 따라 음악계는 많이 변화했습니다. ❽ 그리고 제 음악 취향도 그에 맞게 변화했다고 생각합니다. ❾ 한국 팝 음악인 케이팝은 놀라운 변화를 겪었습니다. ❿ 이것은 음악 산업에서 주요한 역할을 하게 되었습니다. ⓫ 개인적으로 저는 최근에 차트 정상에 오른 곡들을 포함하여 현대 한국 음악에 많은 관심을 가지고 있습니다. ⓬ 그래서 네, 저의 음악 취향은 음악 산업의 변화와 함께 조금씩 변해 갔다고 말할 수 있을 것 같습니다.

4 Adv **본인이 라이브 음악을 들었던 경험** 과거
키워드 live music, memorable

≫ 답변 방향과 소재 키워드

1. **콘서트 포함 COVID-19로 인한 일상의 여파**
   barely recall, made a significant impact, reduce face-to-face interactions, avoiding packed venues, businesses, shut down, social distancing

2. **COVID-19 종식 이후 거리 두기 규제 해제**
   behind us, restrictions, regulations, have been lifted

3. **일상 회복과 콘서트 재개**
   returned to normal, lessons, hit up live concerts once again

≫ 모범답변 분석 ⇢ 범용성 최상 답변(p11 학습 전략 참고)　　　　🎧 UNIT 01_04.mp3

콘서트 포함 COVID-19로 인한 일상의 여파	❶ Well, I can barely recall the last time I went to a live concert. ❷ Over the past few years, venturing outside has been quite risky due to COVID-19, you know. ❸ As the virus spread, it made a significant impact on our daily routines. ❹ We had to reduce face-to-face interactions, and avoiding packed venues like concert halls became the norm. ❺ Actually, when new cases surged, businesses were forced to shut down. ❻ Plus, masks and social distancing became part of our daily routine.
COVID-19 종식 이후 거리 두기 규제 해제	❼ Thankfully, it seems like the pandemic is finally behind us. ❽ Most of the restrictions and social distancing regulations have been lifted. ❾ No more mandatory masks in public, you know.
일상 회복과 콘서트 재개	❿ All in all, things have pretty much returned to normal. ⓫ I believe COVID-19 has taught us valuable lessons that we should keep in mind. ⓬ I'm just relieved that we can hit up live concerts once again.

❶ 저는 최근 라이브 콘서트에 갔던 경험을 기억하기가 어렵습니다. ❷ 지난 몇 년 동안은 COVID-19로 인해 외출하는 것이 상당히 위험했거든요. ❸ 바이러스가 확산되면서 우리의 일상생활에 상당한 영향을 미쳤습니다. ❹ 우리는 대면 접촉을 최소화해야 했고, 콘서트홀과 같은 혼잡한 장소를 피해야 하는 것이 일상이 되었습니다. ❺ 실제로 새로운 확진자가 급증할 때는 사업장들이 휴업해야 했습니다. ❻ 또한, 마스크 착용과 사회적 거리 두기가 일상이 되었습니다. ❼ 다행히도, 이제 팬데믹이 끝났다는 느낌이 듭니다. ❽ 대부분의 제한 조치와 사회적 거리 두기 규제가 해제되었습니다. ❾ 더 이상 공공장소에서 의무적으로 마스크를 착용할 필요가 없게 되었죠. ❿ 대체로 모든 것이 거의 정상으로 돌아간 것 같습니다. ⓫ COVID-19가 우리에게 기억해야 할 소중한 교훈을 가르쳐주었다고 생각합니다. ⓬ 이제 다시 라이브 콘서트를 즐길 수 있다는 것을 참 다행이라 생각합니다.

UNIT 02 Movie 영화

저자 직강 보기   음원 듣기

1 출제 유형 학습

STEP 1. 한국어로 주제별 실제 기출 정확히 파악해 두기

STEP 2. 영어 키워드 미리 알아두기

STEP 3. 키워드만으로 질문 유형과 시제 매칭하기

≫ 기출 분석하기

1 Int 본인이 좋아하는 영화 장르 묘사 현재
키워드 kinds of movies, you like

2 Int 본인이 영화 보기 전후로 하는 일들 현재
키워드 usually do, see movies, do, before and after

3 Adv 최근 영화관에 갔던 경험 과거
키워드 the last time, went to the movies, did, before and after

4 Adv 가장 좋아하는 영화배우가 뉴스에 출연한 것을 본 경험 과거
키워드 favorite actors, in the news, happened, interesting

5 Adv 재미있는 영화를 시청한 경험 과거
키워드 last, TV show, movie, happened, story

6 14-Adv 영화의 과거/현재 변화 시사
키워드 compare, movies, today, growing up, changed

7 15-Adv 사람들이 주로 이야기하는 영화 관련 이슈 시사
키워드 friends, family, talk about, discuss, issues, topics

1 [Int] 본인이 좋아하는 영화 장르 묘사 [현재]
키워드 kinds of movies, you like

6 [14-Adv] 영화의 과거/현재 변화 [시사]
키워드 compare, movies, today, growing up, changed

>> 답변 방향과 소재 키워드

1. **과거의 내 영화 취향과 한국 영화의 특징**
foreign movies, quality, much better, Korean movies, old-fashioned, boring

2. **발전한 한국 영화의 특징**
significant changes, received numerous awards, major film festivals, gained attention, creativity, storytelling, the ability to connect with audiences

>> 모범답변 분석

UNIT 02_01.mp3

과거의 내 영화 취향과 한국 영화의 특징	① Well, when I was a kid, I usually watched foreign movies because their quality was much better than that of Korean movies. ② In fact, Korean movies were considered old-fashioned and boring back then.
발전한 한국 영화의 특징	③ However, I believe the development of Korean movies has undergone significant changes over the years. ④ So, now I enjoy watching Korean movies as well. ⑤ Movies like "The Host" and "Parasite" have received numerous awards at major film festivals. ⑥ I think Korean movies have gained attention for their unique storytelling and social commentary. ⑦ Creativity, diverse storytelling, and the ability to connect with audiences on a global scale would be some of the key reasons that have made Korean movies successful.
세계 영화 시장에서 주류로 자리잡은 한국 영화	⑧ Overall, Korean movies have experienced remarkable growth, evolving from the challenges of the past to become mainstream in the global movie industry.

① 어릴 적에는 외국 영화를 주로 보곤 했는데, 외국 영화의 퀄리티가 한국 영화보다 훨씬 좋았기 때문이었죠. ② 사실, 한국 영화는 그 당시에는 구식이고 지루하다고 여겨졌어요. ③ 하지만, 저는 한국 영화의 발전이 시간이 흐름에 따라 상당한 변화를 겪었다고 생각합니다. ④ 그래서 이제는 한국 영화를 보는 것도 좋아합니다. ⑤ '괴물'과 '기생충' 같은 영화들은 주요 영화 축제에서 수많은 상을 수상했죠. ⑥ 한국 영화는 독특한 스토리텔링과 사회적 코멘터리로 인해 주목받고 있다고 생각해요. ⑦ 창의성, 다양한 스토리텔링, 그리고 전 세계 관객과 소통할 수 있는 능력은 한국 영화의 주요한 성공 요인 중 일부일 것입니다. ⑧ 전반적으로, 한국 영화는 지난 시련들을 극복하며 글로벌 영화 산업에서 주류로 자리매김했습니다.

2 Int 본인이 영화 보기 전후로 하는 일들 현재

키워드 usually do, see movies, do, before and after

>> 답변 방향과 소재 키워드

1. **영화 보기 전에 하는 일들**
   book or buy my tickets, get some snacks, go to the bathroom, turn off my phone

2. **영화 본 후에 하는 일들**
   chat, check out some reviews, go grab a bite, go to a coffee shop or a bar, go straight home

>> 모범답변 분석 → 범용성 최상 답변(p11 학습 전략 참고)   🎧 UNIT 02_02.mp3

영화 보기 전에 하는 일들	❶ Before I watch the movie, I first book or buy my tickets.
	❷ I also get some snacks and drinks at the snack bar.
	❸ I usually get some popcorn and soft drinks.
	❹ Then, I go to the bathroom before I enter the theater.
	❺ After that, I make sure everything's good to go.
	❻ Once the movie's about to start, I turn off my phone.
영화 본 후에 하는 일들	❼ After the movie's done, I normally leave the theater with my friends, chatting about what we just watched.
	❽ I might check out some online reviews to get different takes on the movie.
	❾ Also, there are many places near the theater where we can go grab a bite.
	❿ After the meal, we sometimes go to a coffee shop or a bar to get some drinks.
	⓫ If it is too late, we usually go straight home.
마무리 일단락	⓬ So, these are the things I typically do before and after watching a movie.

❶ 저는 영화를 보기 전에 먼저 티켓을 예매하거나 구매합니다. ❷ 그리고 매점에서 간식과 음료수를 사기도 합니다. ❸ 보통은 팝콘과 탄산음료를 주로 구매해요. ❹ 그런 다음 영화관에 입장하기 전에 화장실에 갑니다. ❺ 그다음, 영화를 볼 준비를 모두 마칩니다. ❻ 영화가 시작되기 직전에는 휴대폰을 꺼요. ❼ 영화가 끝나면 보통은 친구들과 함께 영화관을 나오면서 보았던 내용에 대해 이야기합니다. ❽ 때로는 영화에 대한 다양한 의견을 확인하기 위해 온라인 리뷰도 살펴보곤 해요. ❾ 또한, 근처에는 음식을 먹을 수 있는 많은 장소들이 있어서 가끔은 밥을 먹으러 갑니다. ❿ 식사를 마친 후에는 가끔 커피숍이나 술집에 들러 커피나 술을 마시기도 해요. ⓫ 시간이 너무 늦었다면 집에 곧바로 가기도 합니다. ⓬ 그래서, 이런 것들이 제가 영화를 보기 전후에 일반적으로 하는 일들입니다.

3

Adv 최근 영화관에 갔던 경험 **과거**
키워드 the last time, went to the movies, did, before and after

>> 답변 방향과 소재 키워드

1. 영화를 보고 외식했던 경험
box office hits, after the movie, restaurant, in the shopping mall

2. 인상 깊었던 식사 경험
solid place, was on point, immaculate, hit the spot, juicy, texture, impeccable, paired it all with some beer

>> 모범답변 분석 ⟶ 범용성 최상 답변(p11 학습 전략 참고)　　　　　　🎧 UNIT 02_03.mp3

영화를 보고 외식했던 경험	❶ I remember going to the movie theater a couple of months ago with my parents. ❷ We watched one of the box office hits, and I really enjoyed watching it. ❸ After the movie we went to a decent barbecue restaurant near the theater. ❹ We often go to eat at a restaurant after watching movies because the theater and restaurants are in the shopping mall.
인상 깊었던 식사 경험	❺ It was this solid barbecue place that served beef and pork, and let me tell you, their meat was on point. ❻ When we arrived, we ordered some of their signature dishes. ❼ The main dish and the sides were immaculate. ❽ I mean, I was actually starving, and it hit the spot perfectly. ❾ The pork was so juicy, and the texture was just fantastic. ❿ The flavors and seasonings they used were impeccable. ⓫ Oh, and we paired it all with some beer, which complemented the meal beautifully.
전반적으로 즐거웠던 하루	⓬ Looking back, it was an enjoyable family movie night.

❶ 몇 달 전, 저는 부모님과 함께 영화관에 간 적이 있습니다. ❷ 당시의 흥행작 중 한 편을 봤는데 재밌게 잘 봤습니다. ❸ 영화를 보고 나서는 영화관 근처에 있는 괜찮은 고깃집에 갔습니다. ❹ 영화관과 식당들이 쇼핑몰 안에 있기 때문에 저희는 자주 이렇게 영화를 본 후에 외식을 합니다. ❺ 그날 간 식당은 소고기와 돼지고기를 파는 정말 괜찮은 고깃집이었는데, 그들의 고기는 정말 일품이었어요. ❻ 도착했을 때, 그들의 시그니처 메뉴를 주문했습니다. ❼ 주요리와 사이드 메뉴들이 정말 맛있었습니다. ❽ 제가 굉장히 배가 고팠는데, 딱 맞는 음식이었어요. ❾ 돼지고기가 정말 촉촉하고, 식감도 환상적이었어요. ❿ 사용한 양념과 맛도 너무 완벽했죠. ⓫ 아, 그리고 맥주를 함께 즐겼는데, 맥주와 음식이 아주 잘 어울렸어요. ⓬ 돌이켜보면, 그날 밤은 즐거운 가족 영화 데이트였습니다.

4 Adv 가장 좋아하는 영화배우가 뉴스에 출연한 것을 본 경험 과거

키워드 favorite actors, in the news, happened, interesting

5 Adv 재미있는 영화를 시청한 경험 과거

키워드 last, TV show, movie, happened, story

7 15-Adv 사람들이 주로 이야기하는 영화 관련 이슈 시사

키워드 friends, family, talk about, discuss, issues, topics

≫ 답변 방향과 소재 키워드

1. **시청한 영화의 화제성**
   starred, got a lot of spotlight, hot topic, Netflix hit

2. **영화의 전반적인 특징**
   creative storyline, big twists, well-made, acting, chemistry, original soundtracks

≫ 모범답변 분석 → 범용성 최상 답변(p11 학습 전략 참고)   🎧 UNIT 02_04.mp3

인상 깊게 본 영화 소개	❶ My friends and I sometimes talk about box office hits and Netflix hits.
	❷ I remember talking about the Netflix series *Squid Game* with my friends recently.
시청한 영화의 화제정	❸ The series starred one of my favorite actors, Lee Jung Jae.
	❹ I remember watching the news about him on TV.
	❺ It got a lot of spotlight from the media, and it was a hot topic for a while.
	❻ In fact, it was a Netflix hit in many countries around the world as well.
영화의 전반적인 특징	❼ Personally, I think the series had a creative storyline.
	❽ There were also some big twists at the end.
	❾ And I think the series was a bit brutal overall but very well-made.
	❿ And the series was packed with thrilling scenes.
	⓫ I also liked the acting and the chemistry among the actors.
	⓬ I think the original soundtracks added excitement throughout the entire series.
전반적으로 가장 기억에 남을만한 대박 영화	⓭ Overall, it was very entertaining, and I think it was a killer series.
	⓮ I guess it was one of the most memorable drama series in my life.

❶ 저는 친구들과 종종 박스 오피스 흥행작이나 넷플릭스 히트작에 대해 이야기합니다. ❷ 최근에는 친구랑 넷플릭스 시리즈 '오징어 게임'에 대해 이야기했던 적이 있습니다. ❸ 그 영화에는 제가 좋아하는 배우 이정재가 출연했어요. ❹ 그의 소식을 TV에서 보기도 했죠. ❺ 미디어에서 크게 화제가 되었고, 한동안 엄청난 관심을 받았던 것 같아요. ❻ 실제로 세계 여러 나라에서 넷플릭스 히트작이 되기도 했죠. ❼ 개인적으로, 그 영화는 독창적인 스토리를 가졌다고 생각합니다. ❽ 결말에 큰 반전도 있었죠. ❾ 그리고 전반적으로 영화는 조금 잔인하기는 했지만, 매우 훌륭하게 만들어진 작품이었어요. ❿ 그리고 그 영화는 매우 긴장감 넘치는 장면들로 가득 찼습니다. ⓫ 배우들의 연기와 그들끼리의 호흡도 좋았어요. ⓬ 영화 속 오리지널 사운드트랙도 영화 전반에 흥미를 더했던 것 같아요. ⓭ 전반적으로 매우 재밌고 최고인 영화였습니다. ⓮ 제 삶에서 가장 기억에 남는 드라마 시리즈 중 하나가 아닐까 합니다.

UNIT 03 TV 텔레비전

저자 직강 보기 음원 듣기

1 출제 유형 학습

STEP 1. 한국어로 주제별 실제 기출 정확히 파악해 두기

STEP 2. 영어 키워드 미리 알아두기

STEP 3. 키워드만으로 질문 유형과 시제 매칭하기

≫ 기출 분석하기

1　[Int] **본인이 좋아하는 TV나 영화 장르 묘사** [현재]
키워드 kinds of TV shows, movies, you like

2　[Int] **본인이 좋아하는 TV나 영화 캐릭터 묘사** [현재]
키워드 favorite, TV, movie, character

3　[Int] **TV나 영화를 시청할 때 하는 일들이나 습관** [현재]
키워드 usually do, TV shows, movies, typical routine

4　[Adv] **TV나 영화의 취향 과거/현재 변화** [과거-현재]
키워드 first, interest, TV, movies, changed, developed, today

5　[Adv] **최근에 본 TV 방송이나 영화 시청 경험** [과거]
키워드 last, TV show, movie, happened, story

6　[14-Adv] **TV 영상 기술의 과거/현재 변화** [시사]
키워드 audio visual technology, TV, changed, past, different, now

7　[15-Adv] **사람들이 주로 이야기하는 TV나 영화 시청 관련 트렌드** [시사]
키워드 new trends, TV, movie, technology, people, talking about

2 답변 소재 구축: 동일 답변 사용 가능한 문제 유형

1

[Int] 본인이 좋아하는 TV나 영화 장르 묘사 [현재]

키워드 kinds of TV shows, movies, you like

> TV와 영화 주제는 기출이 거의 동일하다. movie라는 워딩이 TV 주제에 실제로 출제되기 때문에 movie에서 학습한 것을 그대로 적용하여 학습량을 줄이는 것이 전략이다. 참고로, TV와 movie는 한 시험에 동시 출제되지 않는다. 즉, 둘 중 하나만 출제된다.

» 답변 방향과 소재 키워드

1. **과거의 내 영화 취향과 한국 영화의 특징**
   foreign movies, quality, much better, Korean movies, old-fashioned, boring

2. **발전한 한국 영화 작품**
   significant changes, received awards, major film festivals, gained attention

3. **내가 좋아하는 한국 영화 작품의 성공 이유**
   creativity, storytelling, the ability to connect with audiences

» 모범답변 분석 → 범용성 최상 답변(p11 학습 전략 참고)   🎧 UNIT 03_01.mp3

과거의 내 영화 취향과 한국 영화의 특징	❶ Well, when I was a kid, I usually watched foreign movies because their quality was much better than that of Korean movies. ❷ In fact, Korean movies were considered old-fashioned and boring back then.
발전한 한국 영화 작품	❸ However, I believe the development of Korean movies has undergone significant changes over the years. ❹ So, now I enjoy watching Korean movies as well. ❺ Movies like "The Host" and "Parasite" have received numerous awards at major film festivals. ❻ I think Korean movies have gained attention for their unique storytelling and social commentary. ❼ Creativity, diverse storytelling, and the ability to connect with audiences on a global scale would be some of the key reasons that have made Korean movies successful.
세계 영화 시장에서 주류로 자리 잡은 한국 영화	❽ Overall, Korean movies have experienced remarkable growth, evolving from the challenges of the past to become mainstream in the global movie industry.

❶ 어릴 적에는 외국 영화를 주로 보곤 했는데, 외국 영화의 퀄리티가 한국 영화보다 훨씬 좋았기 때문이었죠. ❷ 사실, 한국 영화는 그 당시에는 구식이고 지루하다고 여겨졌어요. ❸ 하지만, 저는 한국 영화의 발전이 시간이 흐름에 따라 상당한 변화를 겪었다고 생각합니다. ❹ 그래서 이제는 한국 영화를 보는 것도 좋아합니다. ❺ '괴물'과 '기생충' 같은 영화들은 주요 영화 축제에서 수많은 상을 수상했죠. ❻ 한국 영화는 독특한 스토리텔링과 사회적 코멘터리로 인해 주목받고 있다고 생각해요. ❼ 창의성, 다양한 스토리텔링, 그리고 전 세계 관객과 소통할 수 있는 능력은 한국 영화의 주요한 성공 요인 중 일부일 것입니다. ❽ 전반적으로, 한국 영화는 지난 시련들을 극복하며 글로벌 영화 산업에서 주류로 자리매김했습니다.

2 [Int] 본인이 좋아하는 TV나 영화 캐릭터 묘사 [현재]

키워드 favorite, TV, movie, character

>> 답변 방향과 소재 키워드

1. 좋아하는 캐릭터의 인지도와 상품화
popular, among the ~ fans, among the general public, a lot of merchandise, collecting items

2. 그 캐릭터를 좋아하는 이유
unique

>> 모범답변 분석

🎧 UNIT 03_02.mp3

가장 좋아하는 캐릭터 소개	❶ My favorite TV character is a Pixar character Woody. ❷ He is featured in the *Toy Story* series.
좋아하는 캐릭터의 인지도와 상품화	❸ At first, Woody was mostly popular among the *Toy Story* fans. ❹ However, he got more popular among the general public. ❺ Now, a lot of people know him. ❻ Also, there is a lot of merchandise featuring Woody and other characters in the film. ❼ Some people like collecting these items.
그 캐릭터를 좋아하는 이유	❽ I think Woody became popular because he is a unique character. ❾ So, that's why I like him too.

❶ 제가 가장 좋아하는 TV 캐릭터는 픽사의 캐릭터 우디입니다. ❷ 이 캐릭터는 '토이 스토리' 시리즈에 등장합니다. ❸ 우디는 처음에는 주로 '토이 스토리' 팬들 사이에서 인기가 있었습니다. ❹ 그러나 그는 일반 대중들 사이에서도 더욱 인기를 얻었습니다. ❺ 이제 많은 사람들이 그를 알고 있습니다. ❻ 또한, 우디와 영화의 다른 캐릭터들을 특징으로 하는 상품이 많이 있습니다. ❼ 몇몇 사람들은 이러한 아이템을 수집하는 것을 좋아합니다. ❽ 저는 우디가 독특한 캐릭터이기 때문에 그가 인기를 얻었다고 생각합니다. ❾ 그래서 저도 그를 좋아하는 것입니다.

3 Int TV나 영화를 시청할 때 하는 일들이나 습관 현재

키워드 usually do, TV shows, movies, typical routine

≫ 답변 방향과 소재 키워드

1. 영화 보기 전에 하는 일들
book or buy my tickets, get some snacks, go to the bathroom, turn off my phone

2. 영화 본 후에 하는 일들
chat, check out some reviews, go grab a bite, go to a coffee shop or a bar, go straight home

≫ 모범답변 분석 → 범용성 최상 답변(p11 학습 전략 참고)   🎧 UNIT 03_03.mp3

영화 보기 전에 하는 일들	❶ Before I watch the movie, I first book or buy my tickets. ❷ I also get some snacks and drinks at the snack bar. ❸ I usually get some popcorn and soft drinks. ❹ Then, I go to the bathroom before I enter the theater. ❺ After that, I make sure everything's good to go. ❻ Once the movie's about to start, I turn off my phone.
영화 본 후에 하는 일들	❼ After the movie's done, I normally leave the theater with my friends, chatting about what we just watched. ❽ I might check out some online reviews to get different takes on the movie. ❾ Also, there are many places near the theater where we can go grab a bite. ❿ After the meal, we sometimes go to a coffee shop or a bar to get some drinks. ⓫ If it is too late, we usually go straight home.
마무리 일단락	⓬ So, these are the things I typically do before and after watching a movie.

❶ 저는 영화를 보기 전에 먼저 티켓을 예매하거나 구매합니다. ❷ 그리고 매점에서 간식과 음료수를 사기도 합니다. ❸ 보통은 팝콘과 탄산음료를 주로 구매해요. ❹ 그런 다음 영화관에 입장하기 전에 화장실에 갑니다. ❺ 그 다음, 영화를 볼 준비를 모두 마칩니다. ❻ 영화가 시작되기 직전에는 휴대폰을 꺼요. ❼ 영화가 끝나면 보통은 친구들과 함께 영화관을 나오면서 보았던 내용에 대해 이야기합니다. ❽ 때로는 영화에 대한 다양한 의견을 확인하기 위해 온라인 리뷰도 살펴보곤 해요. ❾ 또한, 근처에는 음식을 먹을 수 있는 많은 장소들이 있어서 가끔은 밥을 먹으러 갑니다. ❿ 식사를 마친 후에는 가끔 커피숍이나 술집에 들러 커피나 술을 마시기도 해요. ⓫ 시간이 너무 늦었다면 집에 곧바로 가기도 합니다. ⓬ 그래서, 이런 것들이 제가 영화를 보기 전후에 일반적으로 하는 일들입니다.

5

Adv 최근에 본 TV 방송이나 영화 시청 경험 **과거**
키워드 last, TV show, movie, happened, story

>> 답변 방향과 소재 키워드

1. **시청한 영화의 화제성**
   starred, got a lot of spotlight, hot topic, Netflix hit
2. **영화의 전반적인 특징**
   creative storyline, big twists, well-made, acting, chemistry, original soundtracks

>> 모범답변 분석 ~> 범용성 최상 답변(p11 학습 전략 참고)   🎧 UNIT 03_04.mp3

인상 깊게 본 영화 소개	❶ My friends and I sometimes talk about box office hits and Netflix hits. ❷ I remember talking about the Netflix series *Squid Game* with my friends recently.
시청한 영화의 화제정	❸ The series starred one of my favorite actors, Lee Jung Jae. ❹ I remember watching the news about him on TV. ❺ It got a lot of spotlight from the media, and it was a hot topic for a while. ❻ In fact, it was a Netflix hit in many countries around the world as well.
영화의 전반적인 특징	❼ Personally, I think the series had a creative storyline. ❽ There were also some big twists at the end. ❾ And I think the series was a bit brutal overall but very well-made. ❿ And the series was packed with thrilling scenes. ⓫ I also liked the acting and the chemistry among the actors. ⓬ I think the original soundtracks added excitement throughout the entire series.
전반적으로 가장 기억에 남을만한 대박 영화	⓭ Overall, it was very entertaining, and I think it was a killer series. ⓮ I guess it was one of the most memorable drama series in my life.

❶ 저는 친구들과 종종 박스 오피스 흥행작이나 넷플릭스 히트작에 대해 이야기합니다. ❷ 최근에는 친구랑 넷플릭스 시리즈 '오징어 게임'에 대해 이야기 했던 적이 있습니다. ❸ 그 영화에는 제가 좋아하는 배우 이정재가 출연했어요. ❹ 그의 소식을 TV에서 보기도 했죠. ❺ 미디어에서 크게 화제가 되었고, 한동안 엄청난 관심을 받았던 것 같아요. ❻ 실제로 세계 여러 나라에서 넷플릭스 히트작이 되기도 했죠. ❼ 개인적으로, 그 영화는 독창적인 스토리를 가졌다고 생각합니다. ❽ 결말에 큰 반전도 있었죠. ❾ 그리고 전반적으로 영화는 조금 잔인하기는 했지만, 매우 훌륭하게 만들어진 작품이었어요. ❿ 그리고 그 영화는 매우 긴장감 넘치는 장면들로 가득 찼습니다. ⓫ 배우들의 연기와 그들끼리의 호흡도 좋았어요. ⓬ 영화 속 오리지널 사운드트랙도 영화 전반에 흥미를 더했던 것 같아요. ⓭ 전반적으로 매우 재밌고 최고인 영화였습니다. ⓮ 제 삶에서 가장 기억에 남는 드라마 시리즈 중 하나가 아닐까 합니다.

4 Adv TV/영화 취향의 과거/현재 변화 과거-현재

키워드 first, interest, TV, movies, changed, developed, today

6 14-Adv TV 영상 기술의 과거/현재 변화 시사

키워드 audio visual technology, TV, changed, past, different, now

» 답변 방향과 소재 키워드

1. **과거의 영상 시청 방식**
   watch television at home

2. **현재의 영상 시청 방식**
   mobile phones, wherever, during travel

3. **현재의 다양한 영상 시청 플랫폼**
   don't have to wait, a specific time, VOD services, YouTube, memberships, Netflix

» 모범답변 분석 🎧 UNIT 03_05.mp3

과거의 영상 시청 방식	① In the past, (I/people) used to watch television at home.
현재의 영상 시청 방식	② However, nowadays, (I/people) typically watch visual content on (my/their) mobile phone(s). ③ (I/They) carry (my/their) phone(s) with (me/them) everywhere, allowing (me/them) to watch content wherever (I am/they are). ④ The most common times for watching are often during travel, such as on the subway or bus. ⑤ Also, (I/people) engage in watching videos while working out. ⑥ Moreover, (I/they) turn to visual content whenever (I am/they are) bored.
현재의 다양한 영상 시청 플랫폼	⑦ Unlike the past, you don't have to wait for a specific time to catch your favorite shows. ⑧ Now, with VOD services, you can watch whatever you want, whenever you want. ⑨ YouTube is like the go-to spot for sharing videos. ⑩ (I/People) subscribe to channels (I/they) like and get updates. ⑪ (I/People) also sign up for memberships on services like Netflix, where (I/they) can binge-watch all kinds of shows and movies.
마무리 일단락	⑫ So, yeah, the way (I/people) watch stuff has changed a lot over the years.

① 과거에는 (저는/사람들은) 집에서 텔레비전을 보곤 했습니다. ② 그러나 요즘에는 (저는/사람들은) 주로 휴대전화로 영상 콘텐츠를 시청합니다. ③ 휴대전화를 항상 가지고 다니기 때문에 어디에서든 콘텐츠를 시청할 수 있습니다. ④ 주로 지하철이나 버스와 같은 이동 중에 시청하는 것이 가장 흔한 시간입니다. ⑤ 또한, (저는/사람들은) 운동 중에 영상을 시청하기도 합니다. ⑥ 그리고, 무료할 때도 영상을 시청합니다. ⑦ 과거와는 달리 특정 시간에 좋아하는 프로그램을 기다릴 필요가 없습니다. ⑧ 이제는 VOD 서비스를 통해 언제든지 원하는 것을 시청할 수 있습니다. ⑨ YouTube는 영상 공유의 대표적인 플랫폼입니다. ⑩ (저는/사람들은) 자신이 좋아하는 채널을 구독하고 업데이트를 받습니다. ⑪ 또한, Netflix와 같은 서비스의 멤버십에 가입하여 다양한 종류의 프로그램과 영화를 몰아보기도 합니다. ⑫ 그래서, 네, (제가/사람들이) 영상을 시청하는 방식은 시간이 지남에 따라 많이 변했죠.

7 `15-Adv` 사람들이 주로 이야기하는 TV나 영화 시청 트렌드 `시사`

키워드 new trends, TV, movie, technology, people, talking about

>> **답변 방향과 소재 키워드**

1. **다양해진 TV 채널**
   cable networks, satellite TV, hundreds of channels, tons of options

2. **TV 외 다양한 영상 시청 플랫폼**
   video-sharing services, subscribe to channels

3. **OTT 서비스의 종류**
   streaming services, Netflix, Disney Plus, a whole variety of TV shows and movies

>> **모범답변 분석**

🎧 UNIT 03_06.mp3

과거의 한정적이었던 TV 채널	❶ I think TV shows and visual content have gone through some major changes over the years. ❷ Back in the day, there weren't many channels, so choices were pretty limited.
현재의 다양해진 TV 채널	❸ But now, TV programs have stepped up their game. ❹ They are fun to watch and really entertaining. ❺ And with cable networks and satellite TV, you can get hundreds of channels, giving you tons of options.
TV 외 다양한 영상 시청 플랫폼	❻ On the other hand, video-sharing services are all the rage these days. ❼ More people are into them instead of traditional TV. ❽ People subscribe to channels they like, and some YouTubers are like major influencers.
OTT 서비스의 종류	❾ Also, lots of people are into streaming services like Netflix or Disney Plus. ❿ They've got a whole variety of TV shows and movies. ⓫ So, basically, visual content has come a long way from what it used to be. ⓬ There are so many different platforms to check out now.

❶ 저는 TV 프로그램과 영상 콘텐츠가 지난 몇 년 동안 큰 변화를 겪었다고 생각합니다. ❷ 예전에는 채널이 많지 않아서 선택지가 제한 적이었습니다. ❸ 하지만 지금은 TV 프로그램이 많이 발전했습니다. ❹ 시청이 즐거우면서 정말 흥미로운 것들이 많습니다. ❺ 그리고 케 이블 네트워크와 위성 TV로 수백 개의 채널을 시청할 수 있어 다양한 선택지가 있습니다. ❻ 다른 한편으로는 동영상 공유 서비스도 요즘 에 화제입니다. ❼ 더 많은 사람들이 전통적인 TV 대신에 이를 선호합니다. ❽ 사람들은 자신들이 좋아하는 채널을 구독하고, 어떤 유튜 버들은 주요 인플루언서로 알려져 있어요. ❾ 또한, 많은 사람들이 넷플릭스나 디즈니 플러스와 같은 스트리밍 서비스를 이용하고 있습니 다. ❿ 이들은 다양한 TV 프로그램과 영화를 제공하고 있어요. ⓫ 결국, 영상 콘텐츠는 예전과는 많이 달라졌어요. ⓬ 이제는 즐길 수 있 는 다양한 플랫폼들이 많이 있습니다.

UNIT 04 Housing 집

저자 직강 보기   음원 듣기

1 출제 유형 학습

STEP 1. 한국어로 주제별 실제 기출 정확히 파악해 두기

STEP 2. 영어 키워드 미리 알아두기

STEP 3. 키워드만으로 질문 유형과 시제 매칭하기

》 기출 분석하기

1 [Int] 본인이 살고 있는 집/좋아하는 방 묘사 [현재]
키워드 describe your home/favorite room

2 [Int] 집에서의 일/집안일 묘사 [현재]
키워드 normal routine/housework, weekdays, weekend, at home

3 [Adv] 집에 변화를 준 경험 [과거]
키워드 change, you made, your home, happen

4 [Adv] 집에서 가족과의 특별한 경험 [과거]
키워드 special memory, family, at home

5 [Adv] 집에 여러 가지 문제들이 발생했던 경험 [과거]
키워드 problems, happened, issues, your home

6 [Adv] 발생한 문제 경험 중 한 가지 구체적 설명 [과거]
키워드 pick one, problems, mentioned, explain, happened

7 [Adv] 어렸을 때 살던 집과 현재 집의 변화 [과거-현재]
키워드 home you used to live in, child, different, now

8 [14-Adv] 부모님이나 친구들이 나와 집에 발생한 문제를 해결하는 방법 차이 [시사]
키워드 compare, solve problems, your home, parents, friends

9 `14-Adv` 가전제품이 가사노동에 가져온 과거와 현재의 변화 `시사`
키워드 appliances, electronic devices, changed, household responsibilities

10 `15-Adv` 집을 구할 때 사람들이 겪는 문제/뉴스에 보도된 이슈 `시사`
키워드 major problems, people, rent a home/housing, issues/news

11 `15-Adv` 사람들이 이야기하는/삶에 큰 변화를 준 구체적 가전제품 `시사`
키워드 specific appliance, useful, convenient, at home, people say/changed our lives

2 답변 소재 구축: 동일 답변 사용 가능한 문제 유형

1

[Int] 본인이 살고 있는 집/좋아하는 방 묘사 [현재]

키워드 describe your home/favorite room

>> 답변 방향과 소재 키워드

1. **집의 배경과 공간 종류**
apartment, family, a couple of years, bedrooms, bathrooms, balcony, living room, kitchen

2. **가장 좋아하는 방과 그 이유**
my bedroom, get some rest, relax comfortably without any disturbance

>> 모범답변 분석

🎧 UNIT 04_01.mp3

집의 배경과 공간 종류	❶ Well, I live in an apartment in Seoul, Korea, with my family, and I have lived here for a couple of years. ❷ There are two bedrooms, two bathrooms, and a balcony in my apartment. ❸ There is also a living room and a kitchen. ❹ In the living room, there are various types of furniture and home appliances.
가장 좋아하는 방과 그 이유	❺ My favorite room at home is definitely my bedroom. ❻ I like my room because it is the best place to get some rest. ❼ I can relax comfortably without any disturbance in my room, you know. ❽ I sometimes read books, watch movies, or play games on my phone when I'm bored.
마무리 일단락	❾ So yeah, this is why I like my bedroom the most.

❶ 저는 한국의 서울에서 가족과 함께 아파트에 살고 있는데, 여기에는 몇 년 동안 살았습니다. ❷ 저희 집에는 두 개의 침실, 두 개의 욕실, 그리고 발코니가 있어요. ❸ 또한 거실과 주방도 있습니다. ❹ 거실에는 다양한 종류의 가구와 가전제품들이 있습니다. ❺ 제가 집에서 제일 좋아하는 곳은 당연히 제 침실입니다. ❻ 휴식을 취하기에 최고의 장소라서 좋아해요. ❼ 제 방에서는 아무런 방해 없이 편하게 쉴 수 있거든요. ❽ 때로는 지루할 때 책을 읽거나 영화를 보거나 핸드폰으로 게임을 하기도 합니다. ❾ 네, 그래서 이게 제가 제 침실을 가장 좋아하는 이유입니다.

2 [Int] **집에서의 일/집안일 묘사** [현재]

키워드 normal routine/housework, weekdays, weekend, at home

>> 답변 방향과 소재 키워드

1. **주중에 하는 방 청소**
   tidy up, let fresh air in, vacuum, mop, give the furniture a good dusting

2. **주말에 하는 쓰레기 처리**
   garbage duty, regular trash, recyclables, disposable containers, take out, separately

>> 모범답변 분석   🎧 UNIT 04_02.mp3

주중에 하는 방 청소	❶ Well, I've got a bunch of housework to handle at home, which is part of my daily routine. ❷ During the weekdays, whenever I find the time, I tidy up my room. ❸ First, I open all the windows to let some fresh air in. ❹ After that, I vacuum, mop the floors, and give the furniture a good dusting.
주말에 하는 쓰레기 처리	❺ When it comes to garbage duty, that's a weekend thing for me. ❻ I've got two types of bins at home: one for regular trash and the other for recyclables. ❼ I toss disposable containers, bottles, cans, and boxes into the recycling bin, and when the trash bin is full, I take them out separately.
마무리 일단락	❽ So, these are pretty much the things I normally do at home.

❶ 저는 집에서 해야 하는 집안일이 꽤 있는데, 틀에 박힌 일상입니다. ❷ 평일에는 시간을 내서 방을 정리해요. ❸ 먼저, 창문을 열어 환기가 될 수 있도록 합니다. ❹ 그리고 나서 청소기를 돌리고, 바닥을 닦고, 가구에 쌓인 먼지도 좀 제거합니다. ❺ 쓰레기 처리는 주로 주말에 하죠. ❻ 저희 집에는 일반 쓰레기와 재활용 쓰레기 두 종류의 쓰레기통이 있습니다. ❼ 일회용 용기, 병, 캔, 상자 등을 재활용 쓰레기통에 넣고, 쓰레기통이 가득 차면 그때 분리수거를 합니다. ❽ 그래서 이런 집안일들이 대체로 제가 집에서 하는 것들이에요.

3

[Adv] 집에 변화를 준 경험 [과거]

키워드 change, you made, your home, happen

7

[Adv] 어렸을 때 살던 집과 현재 집의 변화 [과거-현재]

키워드 home you used to live in, child, different, now

9

[14-Adv] 가전제품이 가사노동에 가져온 과거와 현재의 변화 [시사]

키워드 appliances, electronic devices, changed, household responsibilities

» 답변 방향과 소재 키워드

1. **가전제품의 변화** new home appliances, easier
2. **식기 세척기의 이점** dishwasher, automatically, time and hassle, game-changer
3. **에어프라이어의 이점** air-fryer, the norm, busy people, use every day
4. **건조기의 이점** dryer, saves space, makes drying easier, must-have item

» 모범답변 분석   🎧 UNIT 04_03.mp3

가전제품의 변화	❶ When I was younger, there weren't as many convenient home appliances as there are now. ❷ So, household chores were much more difficult and time-consuming back then. ❸ But now, homes have changed a lot. ❹ New home appliances have made our lives a lot easier compared to the past. ❺ You know, they've really changed things for us.
식기 세척기의 이점	❻ Personally, I got some new home appliances for my home a couple of months ago. ❼ I got a dishwasher, a dryer, and an air fryer, and they are all very useful and convenient in many ways. ❽ The dishwasher does the dishes automatically, so it saves a lot of time and hassle. ❾ It's a game-changer.
에어프라이어의 이점	❿ The air-fryer is also another useful kitchen appliance. ⓫ It's become the norm since busy people don't have much time to cook for themselves. ⓬ So, for some people, the air-fryer is something they use every day.
건조기의 이점	⓭ With a dryer, we don't have to hang clothes on a laundry rack. ⓮ It saves space and makes drying clothes a whole lot easier. ⓯ So, for those who want to save time on household chores, a dryer is a must-have item.

❶ 제가 어렸을 때는, 지금처럼 편리한 가전제품들이 집에 많지 않았습니다. ❷ 그래서 그때는 가사노동이 훨씬 힘들고 시간이 오래 걸렸죠. ❸ 하지만 이제는 집이 많이 변했습니다. ❹ 새로운 가전제품들 덕분에 과거보다 우리 삶이 훨씬 편해졌습니다. ❺ 정말로 우리의 삶을 크게 바꿔 놓았죠. ❻ 개인적으로 저도 몇 달 전에 최신 가전제품들을 구매했습니다. ❼ 식기세척기, 건조기, 그리고 에어프라이어를 구입했는데, 이 모든 것들은 여러 면에서 매우 유용하고 편리합니다. ❽ 식기세척기는 자동으로 설거지를 처리하기 때문에 많은 시간과 귀찮음을 절약해 줍니다. ❾ 정말 획기적인 제품이죠. ❿ 에어프라이어도 또 다른 유용한 주방 가전제품입니다. ⓫ 바쁜 사람들이 직접 요리하기에는 시간이 부족하기 때문에 보편화되었어요. ⓬ 그래서 어떤 사람들은 매일 일상적으로 에어프라이어를 사용하고 있어요. ⓭ 건조기를 사용하면 빨래를 건조대에 걸지 않아도 됩니다. ⓮ 공간도 절약되고 옷을 말리기가 훨씬 편리해집니다. ⓯ 그래서 집안일에 시간을 아끼고 싶은 분들에게는 건조기가 필수품이에요.

4

>> 답변 방향과 소재 키워드

1. **집에서 가족 식사 경험**
   family gathering, got together for lunch, ordered in, delivery restaurant

2. **인상 깊었던 식사 경험**
   solid, was on point, immaculate, hit the spot, juicy, texture, impeccable, paired it all with some beer

>> 모범답변 분석 ⟿ 범용성 최상 답변(p11 학습 전략 참고)　　　🎧 UNIT 04_04.mp3

집에서 가족 식사 경험	❶ I remember having a family gathering a couple of days ago at home. ❷ We got together for lunch and ordered in some food at a delivery restaurant.
인상 깊었던 식사 경험	❸ It was this solid barbecue place that served beef and pork, and let me tell you, their meat was on point. ❹ We ordered some of their signature dishes. ❺ The main dish and the sides were immaculate. ❻ I mean, I was actually starving, and it hit the spot perfectly. ❼ The pork was so juicy, and the texture was just fantastic. ❽ The flavors and seasonings they used were impeccable. ❾ Oh, and we paired it all with some beer, which complemented the meal beautifully.
마무리 일단락	❿ Looking back, it was an enjoyable family gathering at home.

❶ 몇 일 전, 집에서 가족 모임을 가졌던 기억이 납니다. ❷ 저희는 점심 식사를 함께 하기 위해 모였고 배달 음식점에서 음식을 주문했습니다. ❸ 그 식당은 소고기와 돼지고기를 파는 정말 괜찮은 고깃집이었는데, 그들의 고기는 정말 일품이었어요. ❹ 그들의 시그니처 메뉴를 주문했습니다. ❺ 주요리와 사이드 메뉴들이 정말 맛있었습니다. ❻ 제가 굉장히 배가 고팠는데 딱 맞는 음식이었어요. ❼ 돼지고기가 정말 촉촉하고 식감도 환상적이었습니다. ❽ 사용한 양념과 맛도 너무 완벽했죠. ❾ 아, 그리고 음식과 맥주를 함께 즐겼는데, 맥주와 음식이 아주 잘 어울렸어요. ❿ 돌이켜보면, 집에서의 즐거운 가족 모임이었습니다.

5 [Adv] 집에 여러 가지 문제들이 발생했던 경험 [과거]

키워드 problems, happened, issues, your home

8 [14-Adv] 부모님이나 친구들이 나와 집에 발생한 문제를 해결하는 방법 차이 [시사]

키워드 compare, solve problems, your home, parents, friends

>> 답변 방향과 소재 키워드

1. **배관 문제**
   plumbing problems, backed up, big mess, call in a plumber, cleared up
2. **정전 문제**
   power outages, inconvenient, messed up, light some candles
3. **인터넷 연결 문제**
   dropped connections, real pain, get work done, Netflix, YouTube
4. **가구 문제**
   issues with our furniture, replace, repair

>> 모범답변 분석   🎧 UNIT 04_05.mp3

집에서 발생했던 다양한 문제	❶ It seems like everyone deals with various household problems in a similar way when they arise. ❷ Let me talk about some problems our family has faced at home.
배관 문제	❸ We had some plumbing problems a few months ago. ❹ Our kitchen sink got all backed up, making a big mess. ❺ So, we had to call in a plumber to fix it, and luckily, the clogged sink cleared up nicely.
정전 문제	❻ Also, there was the issue of power outages last year. ❼ We lost electricity for what felt like ages. ❽ When there's a power outage, it's really inconvenient in many ways, you know. ❾ It messed up our routine, and we had to light some candles until the lights finally came back on.
인터넷 문제	❿ And we also had trouble with the Internet. ⓫ It seems like we're always dealing with dropped connections when we need it most. ⓬ It's been a real pain when trying to get work done or relax with some Netflix or YouTube at the end of the day.
가구 문제	⓭ We had issues with our furniture at times too. ⓮ We had to either replace or repair them.
마무리 일단락	⓯ So, these were some problems that I remember having at home.

❶ 집에 여러 가지 문제가 생겼을 때 누구나 비슷한 방법으로 해결하는 것 같습니다. ❷ 우리 가족이 집에서 겪었던 문제들에 대해 이야기해보겠습니다. ❸ 몇 달 전에 몇 가지 배관 문제가 있었습니다. ❹ 우리 주방 싱크대가 막혀 엉망이 되었어요. ❺ 그래서 우리는 배관공을 불러서 고쳤고, 다행히 막힌 싱크대는 잘 뚫렸습니다. ❻ 또한, 작년에는 정전 문제가 있었습니다. ❼ 꽤 오랜 시간 동안 전기가 나가 있었죠. ❽ 정전이 되면 여러모로 정말 불편하다는 거 알죠. ❾ 우리 일상은 꼬여버렸고, 전기가 다시 들어올 때까지 촛불을 켜서 버텼습니다. ❿ 그리고 인터넷 문제도 있었어요. ⓫ 꼭 인터넷을 쓰면서 결정적일 때 연결이 끊기는 기분입니다. ⓬ 지친 하루를 넷플릭스나 유튜브를 보면서 마무리하거나 쉬려고 할 때 끊기는 것도 골치 아팠습니다. ⓭ 가구에 문제가 생겼던 적도 있네요. ⓮ 주로 버리고 새로 사거나 고쳐서 사용했었죠. ⓯ 그래서, 제 기억에 이런 문제들이 집에서 있었습니다.

6 Adv 발생한 문제 경험 중 한 가지 구체적 설명 과거

키워드 pick one, problems, mentioned, explain, happened

>> **답변 방향과 소재 키워드**

1. **책상다리 파손으로 새것 구매**
   snapped off, toss, got a new one

2. **책장 긁힘으로 가려서 사용**
   scratched up, covered up

3. **침대 얼룩으로 세탁**
   stain on my bed, wash

>> **모범답변 분석** ➔ 범용성 최상 답변(p11 학습 전략 참고)

🎧 UNIT 04_06.mp3

가구에 있었던 여러 가지 문제	❶ I've had my fair share of furniture troubles over the years.
책상다리 파손으로 새것 구매	❷ Once, my desk took a hit. ❸ One of the legs snapped off, and it was beyond fixing. ❹ So, I had to toss it, and I got a new one eventually.
책장 긁힘으로 가려서 사용	❺ Then, there was the time my bookshelf got all scratched up. ❻ It had these marks, and the paint started peeling. ❼ It looked terrible, so I covered it up the best I could.
침대 얼룩으로 세탁	❽ Oh, and I can't forget the stain on my bed. ❾ I accidentally spilled something-I think it was coffee-and despite wiping it quickly, it left a mark. ❿ So I had to wash the blanket and pillow.
마무리 일단락	⓫ Those were the ups and downs I've had with my furniture.

❶ 여러 해 동안 몇 가지 가구 문제가 있었습니다. ❷ 한 번은 제 책상에 문제가 생겼었습니다. ❸ 다리 중 하나가 부러져서, 수리가 불가능했어요. ❹ 그래서 버리고 결국 새 것을 샀습니다. ❺ 그리고 책장이 긁혀 문제가 생겼던 적도 있었습니다. ❻ 흠집이 많이 나고 도색이 벗겨졌습니다. ❼ 보기 싫어서 최대한 가리려고 했습니다. ❽ 그리고 침대에 얼룩이 생긴 적도 있었죠. ❾ 실수로 뭔가를 쏟았는데, 커피였던 것 같아요. 빨리 닦았지만 얼룩이 남았습니다. ❿ 그래서 담요와 베개를 세탁했습니다. ⓫ 이것들이 가구에 있었던 여러 가지 문제였습니다.

10 15-Adv 집을 구할 때 사람들이 겪는 문제/뉴스에 보도된 이슈 시사

키워드 major problems, people, rent a home/housing, issues/news

>> 답변 방향과 소재 키워드

1. **한국 주택 시장의 고질적 문제**
   housing prices have surged, rent prices rose, paying the rent, get a loan, move to different areas, controversial

2. **코로나 이후로 더욱 악화된 경제와 주택 시장**
   prevalent, central banks, raise interest rates, took a downturn, put a damper, the government, intervened, no use

>> 모범답변 분석

UNIT 04_07.mp3

한국 주택 시장의 고질적 문제

① Actually, news related to the housing market in Korea is reported almost daily.
② Housing prices in Korea have surged over the years.
③ Because of the price hike, rent prices also rose a lot.
④ So, people had a hard time paying the rent.
⑤ Lots of people had to get a loan from the bank to pay their rents.
⑥ Some people even had to move to different areas to find affordable housing.
⑦ As a result, many families with children faced difficulties finding a home.
⑧ This became more controversial in Korea.

COVID-19 이후로 악화된 경제와 주택 시장

⑨ All of this started to change in 2022 as COVID-19 became prevalent.
⑩ Central banks around the world started to raise interest rates.
⑪ So, the global economy took a down turn and things are not looking good.
⑫ This also put a damper on the housing market in Korea.
⑬ The government intervened and tried to stabilize the market, but it was no use.
⑭ Many housing policies were not that effective and some even ended up causing unintended problems.

마무리 일단락

⑮ Personally, I hope the issues in Korea's housing market are resolved quickly.

❶ 한국에서 주택 시장 관련 뉴스는 거의 매일 보도됩니다. ❷ 한국의 주택 가격은 몇 년 동안 급격히 상승했습니다. ❸ 주택 가격 상승으로 인해 임대료도 많이 올랐죠. ❹ 그래서 사람들이 임대료를 내는 데 어려움을 겪었습니다. ❺ 많은 사람들이 임대료를 지불하기 위해 은행에서 대출도 받아야 했습니다. ❻ 어떤 사람들은 심지어 비용 감당이 가능한 주택을 찾기 위해 다른 지역으로 이사를 가야 했습니다. ❼ 그 결과, 많은 자녀가 있는 가구들이 주택을 찾는 데 어려움을 겪었습니다. ❽ 이 문제는 한국에서 더 논란이 되고 있어요. ❾ 이 모든 것이 2022년부터 코로나19가 유행하기 시작한 시점부터 변하기 시작했어요. ❿ 전 세계의 중앙은행이 이자율을 올리기 시작했어요. ⓫ 그래서 세계 경제가 침체되고 상황이 좋지 않아졌어요. ⓬ 이로 인해 한국의 주택 시장에도 악영향을 끼쳤습니다. ⓭ 정부는 시장을 안정시키기 위해 개입했지만, 큰 효과는 없었죠. ⓮ 많은 주택 정책이 효과가 미비했고, 어떤 것들은 의도하지 않은 역효과도 일으켰어요. ⓯ 개인적으로 한국의 주택 시장 문제가 빨리 해결되었으면 하는 바람입니다.

11 15-Adv 사람들이 이야기하는/삶에 큰 변화를 준 구체적 가전제품 시사

키워드 specific appliance, useful, convenient, at home, people say/changed our lives

≫ 답변 방향과 소재 키워드

1. **과거 TV의 특징**
   bulky sets, weren't high-performing, sleek screens

2. **현재 발전한 TV의 특징**
   excellent performance, voice control, recommendation algorithms, tons of options

3. **TV의 발전으로 누리고 있는 혜택**
   freedom, binge-watching, convenience

≫ 모범답변 분석   🎧 UNIT 04_08.mp3

TV의 큰 변화	❶ There are many useful home appliances available these days, but if I have to pick one that has undergone significant change, it would definitely be the television.
과거 TV의 특징	❷ Television has transformed from bulky sets to sleek screens, offering diverse content through streaming.
현재 발전한 TV의 특징	❸ When Smart TVs were first released, they weren't as high-performing as they are now. ❹ However, the latest models feature excellent performance. ❺ Smart TVs provide personalized experiences with features like voice control and recommendation algorithms, you know. ❻ Also, Internet-connected TVs blend traditional broadcasting with online streaming for tons of entertainment options.
TV의 발전으로 누리고 있는 혜택	❼ These advancements have granted us the freedom to watch TV shows on our schedules. ❽ They have also led to a binge-watching culture. ❾ Integration with smart home devices enhances convenience in controlling our environment. ❿ There are some concerns regarding health and social interactions. ⓫ But despite the challenges, I think the evolution continues to shape our digital age deeply.

❶ 요즘에는 많은 유용한 가전제품이 있지만, 가장 큰 변화를 겪은 제품을 하나 선택해야 한다면, 단언컨대 TV가 될 것입니다. ❷ TV는 부피감이 큰 모습에서 세련된 스크린으로 변화하면서 스트리밍을 통해 다양한 콘텐츠를 제공합니다. ❸ 스마트 TV가 처음 출시됐을 때는 현재처럼 성능이 뛰어나지 않았습니다. ❹ 그러나 최신형 모델들은 우수한 성능을 자랑합니다. ❺ 스마트 TV는 음성 제어 및 추천 알고리즘과 같은 기능으로 개인화된 경험을 제공합니다. ❻ 또한, 인터넷 연결 TV는 전통적 방송과 온라인 스트리밍을 결합하여 다양한 엔터테인먼트 옵션을 제공합니다. ❼ 이러한 발전으로 우리는 TV 프로그램을 자유롭게 시청할 수 있게 되었습니다. ❽ 이는 (드라마 등의) 정주행 문화를 가져오기도 했습니다. ❾ 스마트 홈 기기와의 통합으로 환경을 편리하게 제어할 수 있습니다. ❿ 건강 및 사회적 소통에 관한 몇 가지 우려들이 있습니다. ⓫ 그러나, 이러한 문제에도 불구하고, 저는 이 발전이 우리의 디지털 시대를 깊이 형성하고 있다고 생각합니다.

UNIT
05 Furniture 가구

음원 듣기

1 출제 유형 학습

STEP 1. 한국어로 주제별 실제 기출 정확히 파악해 두기

STEP 2. 영어 키워드 미리 알아두기

STEP 3. 키워드만으로 질문 유형과 시제 매칭하기

≫ 기출 분석하기

1 [Int] 집에 있는 좋아하는 가구 묘사 현재
키워드 furniture, your home, favorite

2 [Int] 가구를 사용하는 방법 현재
키워드 how, use, furniture, typical day

3 [Adv] 집의 어렸을 때 가구와 현재 가구 변화 과거-현재
키워드 furniture, childhood, different, today

4 [Adv] 가구 문제/해결 경험 과거
키워드 problems, furniture, happened, fixed

[Int] **집에 있는 좋아하는 가구 묘사** [현재]

키워드 furniture, your home, favorite

>> 답변 방향과 소재 키워드

1. 집에 있는 다양한 가구 소개
tea table, sofa, cabinet, desk, chair, bed, bookshelves, built-in closets, dressers

2. 가장 좋아하는 가구
bed, super cozy, get some good shut-eye

3. 가구 관리 방법
tidy up

>> 모범답변 분석   🎧 UNIT 05_01.mp3

집에 있는 다양한 가구 소개	❶ I've got a bunch of furniture in my place. ❷ In the living room, there's a tea table, a sofa, and a cabinet. ❸ And in my bedroom, there's a desk, a chair, a bed, and bookshelves. ❹ I've also got built-in closets and dressers.
가장 좋아하는 가구	❺ But my favorite would have to be my bed. ❻ I've had it for about two years now, and let me tell you, it's super cozy. ❼ It really helps me get some good shut-eye. ❽ The bed's all decked out with a sheet, a toasty blanket, lots of pillows, and an electric mat that keeps me warm.
가구 관리 방법	❾ Every morning, I make sure to tidy up the bed. ❿ I like it looking neat and tidy. ⓫ That's the rundown of the furniture I've got at home.

❶ 제 집에는 많은 가구들이 있습니다. ❷ 거실에는 차 탁자, 소파, 그리고 수납장이 있습니다. ❸ 그리고 침실에는 책상, 의자, 침대, 그리고 책장이 있습니다. ❹ 또한 붙박이장과 서랍장도 있습니다. ❺ 그런데 제가 가장 좋아하는 가구는 침대입니다. ❻ 이젠 두 해째 쓰고 있는데, 정말 아늑합니다. ❼ 너무 편안해서 숙면을 취하게 해줍니다. ❽ 침대 위에 시트, 따뜻한 담요, 많은 베개들, 그리고 따뜻하게 해주는 전기 매트까지 있습니다. ❾ 매일 아침 침대 정리를 꼭 합니다. ❿ 깔끔하고 정돈된 모습이 좋기 때문이죠. ⓫ 이것이 저희 집에 있는 가구들입니다.

2 **[Int]** 가구를 사용하는 방법 [현재]

키워드 how, use, furniture, typical day

>> 답변 방향과 소재 키워드

1. **소파의 용도**
   sofa, go-to spot for TV, snooze, stretch out

2. **옷장의 용도**
   closets, put, section, organized

>> 모범답변 분석　　　　　　　　　　　　　　　　　　🎧 UNIT 05_02.mp3

소파의 용도	❶ Well, I've got this black leather <u>sofa</u> in my living room, decked out with a bunch of cushions. ❷ It's my <u>go-to spot for TV</u> time, and sometimes when I need a quick <u>snooze</u>, I'll <u>stretch out</u> on it.
옷장의 용도	❸ In my room, I've got these <u>closets</u> where I <u>put</u> my clothes. ❹ There's a <u>section</u> just for my shirts, vests, ties, and cardigans; another for blouses, skirts, and dresses; and yet another for my suits, winter coats, and jackets. ❺ Keeping all of these <u>organized</u> is a bit of a mission, but I always make the effort.
마무리 일단락	❻ So, that's pretty much how I roll with my furniture.

❶ 저는 거실에 검은 가죽 소파가 있는데, 여러 개의 쿠션을 놓고 꾸며놨어요. ❷ TV 볼 때 이 소파가 최고지요. 때때로 잠깐 쉬어야 할 때 이 소파에 누워 쉬기도 합니다. ❸ 제 방에는 옷을 보관하는 옷장들이 있습니다. ❹ 셔츠, 조끼, 넥타이, 카디건 등을 걸어놓는 구역이 있고, 블라우스, 스커트, 원피스를 걸어놓는 구역도 있습니다. 그리고 정장, 겨울 코트, 재킷을 걸어놓는 곳도 있습니다. ❺ 이 모든 것을 정리하는 것이 꽤 고민이지만, 언제나 꾸준히 정리하고 있습니다. ❻ 제 일상에서 이런 식으로 가구를 활용하고 있습니다.

Adv 집의 어렸을 때 가구와 현재 가구 변화 과거→현재

키워드 furniture, childhood, different, today

>> 답변 방향과 소재 키워드

1. **가구의 사이즈 차이**
   smaller, single bed, king-sized bed

2. **가구의 색상 차이**
   brighter, light blue, dark grey

>> 모범답변 분석   🎧 UNIT 05_03.mp3

가물가물한 어렸을 때의 기억	❶ Well, I don't really remember the furniture from when I was a kid that well. ❷ It's been such a long time, so my memory is kind of fuzzy about it.
가구의 사이즈 차이	❸ But I think back then, the furniture I had was a lot smaller. ❹ For example, my bed was a single bed for kids, and now I've got this king-sized bed for adults. ❺ Even my desk and chair back then seemed a whole lot smaller.
가구의 색상 차이	❻ Also, I remember the colors being brighter back in the day. ❼ My bookshelf used to be light blue, but now it's dark grey. ❽ I think the table and some chairs were brighter colors too.
마무리 일단락	❾ So yeah, I guess the big differences were mostly in the size and color of the furniture. ❿ That's about all I can really recall.

❶ 저는 어릴 적 가구에 대한 기억이 그렇게 선명하지는 않습니다. ❷ 많이 지난 일이라 기억이 조금 희미한 편이에요. ❸ 하지만 그때 사용했던 가구들은 상당히 작았던 것 같습니다. ❹ 예를 들면, 제 침대는 어릴 때 사용했던 싱글 침대였는데, 지금은 성인용 킹사이즈 침대를 사용하고 있습니다. ❺ 책상과 의자도 그 당시에 비하면 훨씬 작은 느낌입니다. ❻ 또한, 그때 가구들은 색상이 더 밝았던 기억이 나는데요. ❼ 제 책장은 연한 파란색이었지만, 지금은 진한 회색입니다. ❽ 테이블과 몇몇 의자도 더 밝은 색상이었던 것 같습니다. ❾ 그래서 가구의 크기와 색상이 가장 큰 차이점이었던 것 같습니다. ❿ 이 정도가 기억나는 전부입니다.

Adv 가구 문제와 해결 경험 **과거**

키워드 problems, furniture, happened, fixed

>> 답변 방향과 소재 키워드

1. **책상다리가 부러져서 새것 구매**
   snapped off, toss, got a new one

2. **책장 긁힘으로 가려서 사용**
   scratched up, covered up

3. **침대에 얼룩이 생겨서 세착**
   stain on my bed, wash

>> 모범답변 분석 ⟶ 범용성 최상 답변(p11 학습 전략 참고)   🎧 UNIT 05_04.mp3

가구에 생긴 다양한 문제	❶ I've had my fair share of furniture troubles over the years.
책상다리가 부러져서 새것 구매	❷ Once, my desk took a hit. ❸ One of the legs snapped off, and it was beyond fixing. ❹ So, I had to toss it, and I got a new one eventually.
책장 긁힘으로 가려서 사용	❺ Then, there was the time my bookshelf got all scratched up. ❻ It had these marks, and the paint started peeling. ❼ It looked terrible, so I covered it up as best I could.
침대에 얼룩이 생겨서 세탁	❽ Oh, and I can't forget the stain on my bed. ❾ I accidentally spilled something-I think it was coffee-and despite wiping it quickly, it left a mark. ❿ So I had to wash the blanket and pillow.
마무리 일단락	⓫ Those were the ups and downs I've had with my furniture.

❶ 여러 해 동안 몇 가지 가구 문제가 있었습니다. ❷ 한 번은 제 책상에 문제가 생겼었습니다. ❸ 다리 중 하나가 부러져서 수리가 불가능했어요. ❹ 그래서 버리고 결국 새것을 샀습니다. ❺ 그리고 책장이 긁혀 문제가 생겼던 적도 있었습니다. ❻ 흠집이 많이 나고 도색이 벗겨졌습니다. ❼ 보기 싫어서 최대한 가리려고 했습니다. ❽ 그리고 침대에 얼룩이 생긴 적도 있었죠. ❾ 실수로 뭔가를 쏟았는데, 커피였던 것 같아요. 빨리 닦았지만 얼룩이 남았습니다. ❿ 그래서 담요와 베개를 세탁했습니다. ⓫ 이것들이 가구에 있었던 여러 가지 문제였습니다.

UNIT 06 Recycling 재활용

1 출제 유형 학습

STEP 1. 한국어로 주제별 실제 기출 정확히 파악해 두기

STEP 2. 영어 키워드 미리 알아두기

STEP 3. 키워드만으로 질문 유형과 시제 매칭하기

≫ 기출 분석하기

1 [Int] 우리나라의 재활용 방법 [현재]
키워드 how recycling, practiced, your country, people do

2 [Int] 본인이 재활용하는 것들의 종류 [현재]
키워드 different kinds, things, you recycle

3 [Adv] 어렸을 때의 재활용 방법과 경험 [과거]
키워드 recycling, child, was like, particular place

4 [Adv] 재활용 관련 문제 발생 경험 [과거]
키워드 problems/went wrong, recycling, pick-up service, memorable, experience

5 [14-Adv] 재활용의 과거/현재 변화 [시사]
키워드 recycling, past/child, changed, evolved

6 [15-Adv] 재활용이나 환경 관련 뉴스 [시사]
키워드 recycling, environment, news, story

2 답변 소재 구축: 동일 답변 사용 가능한 문제 유형

1 [Int] **우리나라의 재활용 방법** [현재]

키워드 how recycling, practiced, your country, people do

>> 답변 방향과 소재 키워드

1. **한국의 재활용 실천 현황**
   take seriously

2. **재활용의 규제화**
   routine, the government, practice well

3. **재활용에 대한 높은 시민 의식**
   regulation, real sense of community, help out, do their part, pay off, best in the world

>> 모범답변 분석   🎧 UNIT 06_01.mp3

한국의 재활용 실천 현황	① Well, people take recycling quite seriously here in Korea. ② You'll find bins for paper, plastic, glass, and food waste all over the place.
재활용의 규제화	③ But recycling isn't just about throwing stuff away. ④ It's actually become a routine. ⑤ You rinse out your juice bottles, flatten your boxes, and separate your plastics by type. ⑥ Also, the government makes sure everyone follows through. ⑦ That's why people practice recycling well in Korea.
재활용에 대한 높은 시민 의식	⑧ But it's not all about just regulation. ⑨ There's a real sense of community around recycling. ⑩ Neighbors help each other out, making sure everyone does their part. ⑪ And it's actually starting to pay off. ⑫ South Korea's recycling rates are among the best in the world.

❶ 한국에서는 사람들이 재활용을 매우 중요하게 여깁니다. ❷ 종이, 플라스틱, 유리, 음식물 쓰레기용 분리수거함이 곳곳에 있습니다. ❸ 하지만 재활용은 그냥 쓰레기를 버리는 것뿐만이 아닙니다. ❹ 사실, 이것은 일상화되었습니다. ❺ 주스 병을 헹궈내고, 상자를 펴고, 플라스틱을 종류별로 분리합니다. ❻ 또한 정부가 모든 사람들이 따르도록 감독합니다. ❼ 그래서 한국 사람들은 재활용을 잘 실천합니다. ❽ 하지만 이것은 규제만이 아닙니다. ❾ 재활용을 둘러싼 실제적인 공동체 의식이 있습니다. ❿ 이웃들이 서로 도와주어 모두가 자신의 일을 하도록 합니다. ⓫ 실제로 이러한 노력들이 성과를 거두고 있습니다. ⓬ 한국의 재활용률은 세계 최고 중 하나입니다.

2 **Int** 본인이 재활용하는 것들의 종류 **현재**

키워드 different kinds, things, you recycle

>> 답변 방향과 소재 키워드

1. 재활용하는 물건과 방법
paper goods, boxes, plastic, bottles, containers, bags, separately, once a week

2. 재활용 실천의 의미
helps environment, saves resources, giving a second chance

>> 모범답변 분석   🎧 UNIT 06_02.mp3

재활용하는 물건과 방법	❶ When it comes to recycling, there's a variety of stuff I recycle. ❷ I usually gather paper goods and some boxes from packages. ❸ I also gather plastic, bottles, containers, and even bags, which can usually find their way to the recycling bin. ❹ When the recycling bins are full, I take them out separately, and I normally do that once a week.
재활용 실천의 의미	❺ Recycling all this stuff not only helps the environment but also saves resources for the future. ❻ So, I guess it's like giving a second chance to all these things we use every day.

❶ 제가 재활용하는 물건들에 있어서는 다양한 것들이 있습니다. ❷ 보통은 종이 제품과 패키지 상자들을 모아요. ❸ 또한 플라스틱, 병, 용기를 모으고, 심지어 봉투까지 재활용 통에 넣을 수 있어요. ❹ 재활용 통이 가득 차면, 저는 그것들을 분리수거합니다. 보통은 한 주에 한 번 정도 버립니다. ❺ 이 모든 물건을 재활용하는 것은 환경을 돕는 것뿐만 아니라 미래의 자원을 절약하는 데도 도움이 되죠. ❻ 그래서 우리가 매일 사용하는 이 모든 물건에게 두 번째 기회를 주는 것 같아요.

3
 Adv 어렸을 때의 재활용 방법과 경험 과거

키워드 recycling, child, was like, particular place

5
 14-Adv 재활용의 과거와 현재의 변화 시사

키워드 recycling, past/child, changed, evolved

>> 답변 방향과 소재 키워드

1. **한결같던 한국의 재활용 제도와 인식**
   strictly enforced, followed well, growing concern

2. **배달 음식 이용 급증으로 생기는 문제**
   single-person households, food delivery services, not easy, thoroughly wash, make more effort

>> 모범답변 분석   🎧 UNIT 06_03.mp3

한결같던 한국의 재활용 제도와 인식	❶ There haven't been significant changes in recycling regulations or methods in Korea. ❷ Recycling separation and disposal have been strictly enforced, and people have followed these regulations quite well over the years. ❸ Especially with the growing concern for the environment, people seem to be putting more effort into proper recycling.
배달 음식 이용 급증으로 생기는 문제	❹ However, with the rise in single-person households and increased use of food delivery services, there are instances where recycling isn't done properly. ❺ That's because it's not easy to thoroughly wash disposable containers for recycling. ❻ However, considering the increasing environmental pollution, I think we should make more effort to deal with these issues.

❶ 한국에서는 재활용 규정이나 방법에 큰 변화가 없었습니다. ❷ 재활용 분리 및 처분은 엄격히 시행되었으며, 사람들은 수년 간 이러한 규정을 잘 따랐습니다. ❸ 특히 환경에 대한 우려가 높아지면서, 사람들이 적절한 재활용에 더 많은 노력을 기울이고 있는 것 같습니다. ❹ 그러나 1인 가구가 증가하고 음식 배달 서비스 이용의 증가로 인해, 재활용이 제대로 이루어지지 않는 경우도 있습니다. ❺ 일회용 용기를 꼼꼼하게 세척하는 것이 쉽지 않기 때문입니다. ❻ 그럼에도 불구하고, 환경 오염이 심각해지고 있는 것을 고려할 때, 이러한 문제에 대처하기 위해 우리가 더 많은 노력을 기울여야 한다고 생각합니다.

4 | Adv 재활용 관련 문제 발생 경험 과거
키워드 problems/went wrong, recycling, pick-up service, memorable, experience

6 | 15-Adv 재활용이나 환경 관련 뉴스 시사
키워드 recycling, environment, news, story

>> 답변 방향과 소재 키워드

1. **플라스틱 문제 관련 뉴스**
   polluting our oceans, use less plastic, cut down on, plastic bag, charged

2. **재활용품 처리장 부족 관련 뉴스**
   not enough places, collect, process, strengthened, support, operation, recycling facilities

>> 모범답변 분석 🎧 UNIT 06_04.mp3

플라스틱 문제 관련 뉴스	❶ Recently, there has been a lot of talk in Korea about recycling, and I remember watching the news about it. ❷ One of the biggest issues was how plastic waste is polluting our oceans. ❸ Both environmental groups and the government discussed the ways to use less plastic. ❹ For instance, to cut down on plastic bag usage, consumers are now charged for them.
재활용품 처리장 부족 관련 뉴스	❺ Also, there's been news about not having enough places to collect and process recyclables. ❻ The government has strengthened support for the operation of recycling facilities in local communities.
마무리 일단락	❼ All of this shows that more and more people are interested in recycling, and we're working on finding better ways to deal with it.

❶ 요즘 한국에서는 재활용에 대한 이야기가 많이 나오고 있는데, 저는 이것들에 대한 뉴스를 봤던 것이 기억이 나네요. ❷ 가장 큰 문제 중 하나는 플라스틱 쓰레기가 우리 바다를 오염시키고 있다는 것이었습니다. ❸ 환경 단체와 정부는 플라스틱 사용을 줄이는 방법에 대해 논의했죠. ❹ 예를 들어, 비닐 봉투 사용을 줄이기 위해 이제 소비자들이 봉투를 유료로 구매하게 되었습니다. ❺ 또한, 재활용품을 수집하고 처리하는 곳이 충분하지 않다는 뉴스도 있었습니다. ❻ 정부는 지자체에 대한 재활용 시설 운영 지원을 강화했습니다. ❼ 이러한 사건들은 재활용 문제에 대한 사회적 관심과 함께, 보다 효과적인 대응을 위한 논의가 진행되고 있는 것으로 보입니다.

UNIT 07 Industry 산업

1 출제 유형 학습

STEP 1. 한국어로 주제별 실제 기출 정확히 파악해 두기

STEP 2. 영어 키워드 미리 알아두기

STEP 3. 키워드만으로 질문 유형과 시제 매칭하기

≫ 기출 분석하기

1 [Int] 우리나라에서 유명한/젊은이들이 입사하고 싶어 하는 산업 분야 [현재]

키워드 one industry, your country, well-known/companies, young people, work

2 [Int] [Adv] 사람들/본인이 커리어나 취업을 위해 하는/했던 준비 [현재] [과거]

키워드 people/you, usually do/did, prepare, career, apply, jobs

3 [Adv] 언급한 업계에서 저명한 기업과 유명해진 계기 [과거]

키워드 particular industry, promising, famous, company, well-known, happened

4 [Adv] 위 기업의 난관 극복 경험과 성공 과정 설명 [과거]

키워드 special memory, challenges, company, succeed

5 [Adv] 그 산업의 상품/서비스가 본인의 삶에 주는 도움 [과거]

키워드 industry, help, your life, products, services

6 [14-Adv] 관심 있는 산업 분야의 과거와 현재의 변화 [시사]

키워드 industry, follow, interested in, changed

7 [15-Adv] 특정 산업 분야에서 사회의 기대에 부응하지 못한 상품/서비스 [시사]

키워드 didn't meet, expectations, public, industry, reaction

1 [Int] 우리나라에서 유명한/젊은이들이 입사하고 싶어 하는 산업 분야 [현재]

키워드 one industry, your country, well-known/companies, young people, work

6 [14-Adv] 관심 있는 산업 분야의 과거와 현재의 변화 [시사]

키워드 industry, follow, interested in, changed

>> **답변 방향과 소재 키워드**

1. **소비재 가전의 변화** new home appliances, easier, useful
2. **식기 세척기의 이점** dishwasher, automatically, time and hassle, game-changer
3. **에어프라이기의 이점** air fryer, the norm, busy people, use everyday
4. **건조기의 이점** dryer, saves space, easier drying, must-have item

>> **모범답변 분석** ->> 범용성 최상 답변(p11 학습 전략 참고) 🎧 UNIT 07_01.mp3

소비재 가전의 변화	❶ When I was younger, there weren't as many convenient home appliances as there are now. ❷ So, household chores were much more difficult and time-consuming back then. ❸ But now, homes have changed a lot. ❹ New home appliances have made our lives a lot easier compared to the past. ❺ You know, Korean companies are very competitive in this industry.
식기 세척기의 이점	❻ Personally, I got some new home appliances for my home a couple of months ago. ❼ I got a dishwasher, a dryer, and an air fryer, and they are all very useful and convenient in many ways. ❽ The dishwasher does the dishes automatically, so it saves a lot of time and hassle. ❾ It's a game-changer.
에어프라이기의 이점	❿ The air fryer is also another useful kitchen appliance. ⓫ It's become the norm since busy people don't have much time to cook for themselves. ⓬ So, for some people, the air fryer is something they use every day.
건조기의 이점	⓭ With a dryer, we don't have to hang clothes on a laundry rack. ⓮ It saves space and makes drying clothes a whole lot easier. ⓯ So, for those who want to save time on household chores, a dryer is a must-have item.

❶ 제가 어렸을 때는, 지금처럼 편리한 가전제품들이 집에 많지 않았습니다. ❷ 그래서 가사 노동은 훨씬 힘들고 시간이 오래 걸렸죠. ❸ 하지만 이제는 집이 많이 변했습니다. ❹ 새로운 가전제품들 덕분에 과거보다 우리 삶이 훨씬 편해졌습니다. ❺ 한국 회사들은 이 업계에서 매우 경쟁력이 있습니다. ❻ 개인적으로 저도 몇 달 전에 최신 가전제품들을 구매했습니다. ❼ 식기세척기, 건조기, 그리고 에어프라이어를 구입했는데, 이 모든 것들은 여러 면에서 매우 유용하고 편합니다. ❽ 식기세척기는 자동으로 설거지를 처리하기 때문에 많은 시간과 귀찮음을 절약해 줍니다. ❾ 정말 획기적인 제품이죠. ❿ 에어프라이어도 또 다른 유용한 주방 가전제품입니다. ⓫ 바쁜 사람들은 직접 요리하기에는 시간이 부족하기 때문에 일상적으로 사용되고 있어요. ⓬ 건조기를 사용하면 빨래를 건조대에 걸지 않아도 되어서 공간도 절약되고 옷을 말리기가 훨씬 편리해집니다. ⓭ 그래서 집안일에 시간을 아끼고 싶은 분들에게는 건조기가 필수품이에요.

2 **Int** **Adv** 사람들/본인이 커리어나 취업을 위해 하는/했던 준비 **현재** **과거**

키워드 people/you, usually do/did, prepare, career, apply, jobs

>> 답변 방향과 소재 키워드

1. **취업을 위해 보편적으로 하는 일들**
   higher education, go to college, attend, career fairs, internships, part-time jobs, gain experience, build connections, obtain certifications

>> 모범답변 분석

🎧 UNIT 07_02.mp3

한국의 커리어를 위한 준비 방식	❶ In Korea, people prepare for their careers through education and networking.
취업을 위해 보편적으로 하는 일들	❷ They focus on getting higher education degrees and participating in specialized training programs.
	❸ They go to college in order to do so.
	❹ Networking is also crucial, with individuals attending career fairs and utilizing online platforms like LinkedIn.
	❺ Internships and part-time jobs help individuals gain practical experience and build connections.
	❻ Plus, they put in a lot of effort to obtain various types of certifications.
마무리 일단락	❼ Overall, I think a mix of education and networking is key for job preparation in Korea.

❶ 한국에서는 사람들이 자신의 직업을 준비할 때 교육과 네트워킹을 통해 준비합니다. ❷ 그들은 고등 교육 학위를 취득하고 전문 교육 프로그램에 참여하는 것에 초점을 맞춥니다. ❸ 그러기 위해서 대학에 진학하죠. ❹ 네트워킹도 중요한데, 개인들은 직업 박람회에 참석하고 링크드인과 같은 온라인 플랫폼을 활용합니다. ❺ 인턴십과 아르바이트는 실무 경험을 쌓고 인맥을 만드는 데 도움이 됩니다. ❻ 또한 다양한 종류의 자격증 취득을 위해 많은 노력을 합니다. ❼ 전반적으로, 교육과 네트워킹의 조합이 한국에서의 취업 준비에 있어 중요한 것 같습니다.

Adv 언급한 업계에서 저명한 기업과 유명해진 계기 과거

키워드 particular industry, promising, famous, company, well-known, happened

≫ 답변 방향과 소재 키워드

1. **삼성과 LG의 세계 시장 점유율**
   leading, diverse, dominating, hold significant shares, consumer electronics market
2. **삼성이 주력하는 수출품**
   smartphones, televisions, memory chips
3. **LG가 주력하는 수출품**
   televisions, home appliances
4. **두 회사가 저명한 이유**
   invest in, research and development, excel in, quality, design, technology

≫ 모범답변 분석

🎧 UNIT 07_03.mp3

삼성과 엘지의 세계 시장 점유율	❶ Samsung and LG, two leading electronics companies, have a diverse range of products dominating global exports. ❷ They hold significant shares in the global consumer electronics market. ❸ So, these companies have bright prospects, and many young people want to work for Samsung and LG.
삼성이 주력하는 수출품	❹ Samsung's main export products include smartphones, televisions, and memory chips.
엘지가 주력하는 수출품	❺ LG focuses on a similar array of products, with a strong presence in televisions and home appliances.
두 회사가 저명한 이유	❻ They invest heavily in research and development. ❼ They also excel in quality, design, and technology. ❽ Overall, Samsung and LG play a significant role in the global consumer electronics market.

❶ 삼성과 엘지는 주도적인 전자 기업으로, 다양한 제품들이 글로벌 수출에서 주도적인 위치를 차지하고 있습니다. ❷ 이 회사들은 전 세계적인 소비자 전자제품 시장에서 상당한 점유율을 보유하고 있습니다. ❸ 그래서 이 회사들은 밝은 전망을 가지고 있으며, 많은 청년들이 삼성과 엘지에서 일하고 싶어 합니다. ❹ 삼성의 주력 수출 제품에는 스마트폰, TV 및 메모리 칩이 포함되어 있습니다. ❺ 엘지는 유사한 범위의 제품에 초점을 맞추고 있으며, TV 및 가전제품 분야에서 강한 존재감을 보입니다. ❻ 그들은 연구 및 개발에 큰 투자를 하고 있습니다. ❼ 또한 품질, 디자인 및 기술력에서 뛰어납니다. ❽ 전반적으로, 삼성과 엘지는 전 세계적인 소비자 전자제품 시장에서 중요한 역할을 하고 있습니다.

4 **Adv** 위 기업의 난관 극복 경험과 성공 과정 설명 과거

키워드 special memory, challenges, company, succeed

>> 답변 방향과 소재 키워드

1. **경쟁 극복을 위한 기업의 노력**
   intense competition, various strategies

2. **극복 방법과 성공 이유**
   innovation, new products, stay ahead, invested in, research and development, strengthening, marketing strategies

>> 모범답변 분석
🎧 UNIT 07_04.mp3

경쟁 극복을 위한 기업의 노력	❶ I think one of the major challenges these companies was faced intense competition in the global market. ❷ They had to deal with rival companies in China and Japan. ❸ To address this challenge, they implemented various strategies.
극복 방법과 성공 이유	❹ First, they prioritized innovation by constantly introducing new products to stay ahead of competitors. ❺ Plus, they invested heavily in research and development to enhance their technology. ❻ Also, they focused on strengthening their marketing strategies to promote their products more effectively.
마무리 일단락	❼ So, this is why Samsung and LG became so successful.

❶ 이 회사들이 직면한 주요 도전 중 하나는 세계 시장에서의 치열한 경쟁이었습니다. ❷ 중국과 일본의 회사들과 경쟁해야 했습니다. ❸ 이 난관을 극복하기 위해 다양한 전략을 시행했습니다. ❹ 우선, 그들은 상대 기업들보다 앞서기 위해 지속적으로 새로운 제품을 출시하는 등 혁신을 우선시했습니다. ❺ 게다가, 기술력을 향상시키기 위해 연구 및 개발에 큰 투자를 하였습니다. ❻ 또한 제품을 더 효과적으로 홍보하기 위해 마케팅 전략을 강화하는 데 주력했습니다. ❼ 그래서 삼성과 엘지가 이렇게 성공하게 되었습니다.

5 🅐🅓🅥 그 산업의 상품/서비스가 본인의 삶에 주는 도움 `과거`
키워드 industry, help, your life, products, services

7 `15-Adv` 특정 산업 분야에서 사회의 기대에 부응하지 못한 상품/서비스 `시사`
키워드 didn't meet, expectations, public, industry, reaction

» **답변 방향과 소재 키워드**

1. **과거 TV의 특징**
   bulky sets, weren't high-performing, sleek screens
2. **현재 발전한 TV의 특징**
   excellent performance, voice control, recommendation algorithms, tons of options
3. **TV의 발전으로 누리고 있는 혜택**
   freedom, binge-watching, convenience

» **모범답변 분석** → 범용성 최상 답변(p11 학습 전략 참고) 🎧 UNIT 07_05.mp3

TV의 큰 변화	❶ There are many useful home appliances available these days, but if I have to pick one that has undergone significant change, it would definitely be the television.
과거 TV의 특징	❷ Television has transformed from bulky sets to sleek screens, offering diverse content through streaming.
현재 발전한 TV의 특징	❸ When Smart TVs were first released, they weren't as high-performing as they are now. ❹ However, the latest models feature excellent performance. ❺ Smart TVs provide personalized experiences with features like voice control and recommendation algorithms, you know. ❻ Also, Internet-connected TVs blend traditional broadcasting with online streaming for tons of entertainment options.
TV의 발전으로 누리고 있는 혜택	❼ These advancements have granted us the freedom to watch TV shows on our schedules. ❽ They have also led to a binge-watching culture. ❾ Integration with smart home devices enhances convenience in controlling our environment. ❿ There are some concerns regarding health and social interactions. ⓫ But despite the challenges, I think the evolution continues to shape our digital age deeply.

❶ 요즘에는 많은 유용한 가전제품이 있지만, 가장 큰 변화를 겪은 제품을 하나 선택해야 한다면, 단언컨대 TV가 될 것입니다. ❷ TV는 부피감이 큰 모습에서 세련된 스크린으로 변화하면서 스트리밍을 통해 다양한 콘텐츠를 제공합니다. ❸ 스마트 TV가 처음 출시됐을 때는 현재처럼 성능이 뛰어나지 않았습니다. ❹ 그러나 최신형 모델들은 우수한 성능을 자랑합니다. ❺ 스마트 TV는 음성 제어 및 추천 알고리즘과 같은 기능으로 개인화된 경험을 제공합니다. ❻ 또한, 인터넷 연결 TV는 전통적 방송과 온라인 스트리밍을 결합하여 다양한 엔터테인먼트 옵션을 제공합니다. ❼ 이러한 발전으로 우리는 TV 프로그램을 자유롭게 시청할 수 있게 되었습니다. ❽ 이는 (드라마 등의) 정주행 문화를 가져오기도 했습니다. ❾ 스마트 홈 기기와의 통합으로 환경을 편리하게 제어할 수 있습니다. ❿ 건강 및 사회적 소통에 관한 몇 가지 우려들이 있습니다. ⓫ 그러나, 이러한 문제에도 불구하고, 저는 이 발전이 우리의 디지털 시대를 깊이 형성하고 있다고 생각합니다.

UNIT 08 Domestic Trip 국내여행

저자 직강 보기 음원 듣기

1 출제 유형 학습

STEP 1. 한국어로 주제별 실제 기출 정확히 파악해 두기

STEP 2. 영어 키워드 미리 알아두기

STEP 3. 키워드만으로 질문 유형과 시제 매칭하기

》 기출 분석하기

1 [Int] 좋아하는 국내여행 장소 묘사 [현재]
키워드 vacations domestically, places, you like

2 [Int] 본인이 여행 가기 전에 하는 일들 [현재]
키워드 you do, prepare, trips

3 [Adv] 어렸을 때 여행 경험 [과거]
키워드 trips, your youth, early trips

4 [Adv] 여행 중 있었던 특별한 경험 [과거]
키워드 interesting, unexpected, experience, unforgettable

5 [14-Adv] 국내여행의 과거 현재 변화 [과거-현재]
키워드 vacations domestically, people say, more difficult, changes

6 [15-Adv] 여행 관련 사람들의 걱정과 사회적 이슈 [시사]
키워드 people, travelling, issues, concerns

1

[Int] 좋아하는 국내여행 장소 묘사 [현재]

키워드 vacations domestically, places, you like

≫ 답변 방향과 소재 키워드

1. **한국의 다채로운 지형**
   varied landscape, mountains, beaches, rivers

2. **강의 특징과 아름다움**
   bridges, stunning at night

3. **산의 특징과 아름다움**
   changing colors, breathtaking, fall mountain vibe

4. **바다의 특징과 아름다움**
   islands, popular vacation spots, seriously attractive

≫ 모범답변 분석 ⌁→ 범용성 최상 답변(p11 학습 전략 참고)   🎧 UNIT 08_01.mp3

한국의 다채로운 지형	❶ From what I know, Korea's got a really varied landscape because it's packed with mountains, beaches, and rivers. ❷ And, personally, I enjoy traveling to these places.
강의 특징과 아름다움	❸ First off, there are loads of rivers running through big cities, supplying them with water. ❹ And there are plenty of bridges over these rivers, especially stunning at night when they're all lit up.
산의 특징과 아름다움	❺ Then you've got a bunch of mountains in Korea. ❻ They put on a show in fall, changing colors that are just breathtaking. ❼ Lots of people head out hiking to soak up that fall mountain vibe.
바다의 특징과 아름다움	❽ And Korea's got tons of beaches and islands as well. ❾ Some are popular vacation spots, and the coastline is seriously attractive.
마무리 일단락	❿ Overall, Korea's geography is a real mix, with rivers, mountains, beaches, and islands making it a beautiful place. ⓫ So, I think these places are perfect as travel destinations.

❶ 제가 아는 바에 의하면, 한국은 산, 해변, 강으로 가득 찬 지형으로 다채로운 풍경을 자랑합니다. ❷ 그리고 개인적으로 저는 이 장소들로 여행 가는 것을 좋아합니다. ❸ 먼저, 대도시를 가로지르는 강이 많아서 그 도시들에 물을 공급합니다. ❹ 이 강 위에 다리도 많이 있어서 특히 밤에 불이 켜질 때 아름답습니다. ❺ 한국에는 다양한 산도 많습니다. ❻ 산은 가을에는 아름다운 색으로 변하는데, 그 모습은 숨을 멎게 합니다. ❼ 가을 산행을 즐기는 사람들도 많죠. ❽ 게다가 한국에는 해변과 섬도 풍부합니다. ❾ 어떤 곳은 인기 있는 휴양지이며 해안선은 정말 매력적입니다. ❿ 총괄적으로 말하자면, 한국의 지리는 강, 산, 해변, 그리고 섬으로 다채롭게 얽혀 있어서 아름다운 곳으로 만들어 주고 있습니다. ⓫ 그래서 이 장소들은 여행지로써 제격인 것 같습니다.

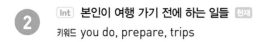

2 [Int] 본인이 여행 가기 전에 하는 일들 [현재]

키워드 you do, prepare, trips

>> 답변 방향과 소재 키워드

1. **주로 하는 예약의 종류**
   make reservations, hotels, restaurants, train tickets
2. **온라인 예약 절차와 장점**
   websites, mobile apps, easiest ways

>> 모범답변 분석　　　　　　　　　　　🎧 UNIT 08_02.mp3

주로 하는 예약의 종류	❶ I usually make reservations for hotels, restaurants, and train tickets before traveling.
온라인 예약 절차와 장점	❷ Well, these days, making reservations online is available. ❸ So, you can just make a reservation on websites or mobile apps. ❹ Once I select my preferred time through the app, I usually get a confirmation message for my reservation. ❺ I think using mobile apps is one of the easiest ways to make reservations or appointments. ❻ I can save time and energy by doing so because I don't have to wait.
마무리 일단락	❼ So, this is pretty much what I do before I take trips.

❶ 저는 여행 가기 전에 주로 호텔, 식당, 기차표를 예약합니다. ❷ 요즘에는 온라인으로 예약하는 것이 가능합니다. ❸ 그래서 웹사이트나 모바일 앱에서 예약을 할 수 있어요. ❹ 앱을 통해 원하는 시간을 선택하면 보통 예약 확인 메시지가 오는 편입니다. ❺ 모바일 앱을 이용하는 것이 가장 간편한 예약 방법 중 하나라고 생각해요. ❻ 그렇게 함으로써 대기하지 않아도 되기 때문에 시간과 에너지를 절약할 수 있습니다. ❼ 그래서 저는 여행 가기 전에 이 정도를 하고 있습니다.

3

Adv 어렸을 때 여행 경험 과거

키워드 trips, your youth, early trips

>> 답변 방향과 소재 키워드

1. 어렸을 때 바다로 여행 갔던 경험
a trip to the beach, went on some water rides, swam in the ocean, stayed at a seaside hotel

2. 인상 깊었던 식사 경험
solid place, was on point, immaculate, hit the spot, juicy, texture, impeccable, paired it all with some soda

>> 모범답변 분석 ⟶ 범용성 최상 답변(p11 학습 전략 참고)   🎧 UNIT 08_03.mp3

가물가물한 유년 시절 기억	❶ Actually, I don't remember what I did in my childhood that well. ❷ You know, it was a long time ago, so my memory is a bit fuzzy. ❸ But there's one thing I still remember quite clearly.
어렸을 때 바다로 여행 갔던 경험	❹ I remember going on a trip to the beach with my family. ❺ We went on some water rides and swam in the ocean. ❻ During the trip, we stayed at a seaside hotel, and we had a great dinner together at a barbecue restaurant.
특이 인상 깊었던 여행 중 식사 경험	❼ It was this solid barbecue place that served beef and pork, and let me tell you, their meat was on point. ❽ When we arrived, we ordered some of their signature dishes. ❾ The main dish and the sides were immaculate. ❿ I mean, I was actually starving, and it hit the spot perfectly. ⓫ The pork was so juicy, and the texture was just fantastic. ⓬ The flavors and seasonings they used were impeccable. ⓭ Oh, and we paired it all with some soda, which complemented the meal beautifully.
마무리 일단락	⓮ So, looking back, it was an enjoyable trip to the beach.

❶ 사실 어릴 적에 내가 무엇을 했는지는 그렇게 잘 기억이 안 납니다. ❷ 오래 전의 일이라 기억이 좀 희미하거든요. ❸ 하지만 한 가지는 여전히 분명하게 기억나는 것이 있습니다. ❹ 가족과 함께 바다로 여행을 다녀왔습니다. ❺ 물놀이도 즐기고 바다에서 수영했던 기억이 나네요. ❻ 여행 기간 동안 해변 쪽 호텔에 머물렀고, 고깃집에서 가족들과 함께 훌륭한 저녁을 보냈어요. ❼ 그 식당은 소고기와 돼지고기를 파는 정말 괜찮은 고깃집이었는데, 그들의 고기는 정말 일품이었어요. ❽ 도착했을 때, 그들의 시그니처 메뉴를 주문했습니다. ❾ 주요 요리와 사이드 메뉴들이 정말 맛있었습니다. ❿ 제가 굉장히 배가 고팠는데 딱 맞는 음식이었어요. ⓫ 돼지고기가 정말 촉촉하고 식감도 환상적이었습니다. ⓬ 사용한 양념과 맛도 너무 완벽했죠. ⓭ 아, 그리고 음식과 탄산음료를 함께 즐겼는데, 음료와 음식과 아주 잘 어울렸어요. ⓮ 돌이켜보면, 즐거운 해변 여행이었습니다.

4 Adv **여행 중 있었던 특별한 경험** 과거

키워드 interesting, unexpected, experience, unforgettable

>> 답변 방향과 소재 키워드

1. **시청한 영화의 화제성**
   starred, got a lot of spotlight, hot topic, Netflix hit

2. **영화의 전반적인 특징**
   creative storyline, big twists, well-made, acting, chemistry, original soundtracks

>> 모범답변 분석 ➔ 범용성 최상 답변(p11 학습 전략 참고)   🎧 UNIT 08_04.mp3

여행 중 기억에 남는 시청한 영화	❶ I went camping in the mountains with some of my closest friends a few years ago. ❷ And, the most memorable thing I remember is watching the Netflix series, *Squid Game*.
시청한 영화의 화제성	❸ The series starred one of my favorite actors, Lee Jung Jae. ❹ I remember watching the news about him on TV. ❺ It got a lot of spotlight from the media, and it was a hot topic for a while. ❻ In fact, it was a Netflix hit in many countries around the world as well.
영화의 전반적인 특징	❼ Personally, I think the series had a creative storyline. ❽ There were also some big twists at the end. ❾ And I think the series was a bit brutal overall, but very well-made. ❿ And the series was packed with thrilling scenes. ⓫ I also liked the acting and the chemistry among the actors. ⓬ I think the original soundtracks added excitement throughout the entire series.
기억에 남을만한 즐거웠던 여행	⓭ Overall, it was very entertaining, and I think it was a killer series. ⓮ I guess it was one of the most memorable camping trips in my life.

❶ 몇 년 전에 가장 친한 친구들과 함께 산으로 캠핑을 다녀왔습니다. ❷ 그리고 캠핑에서 가장 기억에 남는 건 넷플릭스 시리즈 '오징어 게임'을 보았던 것입니다. ❸ 영화에는 제가 좋아하는 배우 이정재가 출연했어요. ❹ 그의 소식을 TV에서 보기도 했죠. ❺ 미디어에서 크게 화제가 되었고, 한동안 엄청난 관심을 받았던 것 같아요. ❻ 실제로 세계 여러 나라에서 넷플릭스 히트작이 되기도 했죠. ❼ 개인적으로, 그 영화는 독창적인 스토리를 가졌다고 생각합니다. ❽ 결말에 큰 반전도 있었죠. ❾ 그리고 전반적으로 영화는 조금 잔인하기는 했지만, 매우 훌륭하게 만들어진 작품이었어요. ❿ 그리고 매우 긴장감 넘치는 장면들로 가득 찼습니다. ⓫ 배우들의 연기와 그들끼리의 호흡도 좋았어요. ⓬ 영화 속 오리지널 사운드트랙도 영화 전반에 흥미를 더했던 것 같아요. ⓭ 전반적으로 매우 재밌고 최고인 영화였습니다. ⓮ 제 삶에서 가장 기억에 남는 캠핑 중 하나가 아닐까 합니다.

5

14-Adv **국내여행의 과거 현재 변화** 과거-현재

키워드 vacations domestically, people say, more difficult, changes

>> **답변 방향과 소재 키워드**

1. **교통의 발달로 생긴 여행의 변화**
   transportation, has become easier

2. **비행기 표 값의 변화**
   plane tickets, an arm and a leg, budget airlines, half the price

3. **택시 부르는 방법의 변화**
   taxi company, mobile apps, different types, saves, real deal, hooked

>> **모범답변 분석** ⤳ 범용성 최상 답변(p11 학습 전략 참고)   🎧 UNIT 08_05.mp3

교통의 발달로 생긴 여행의 변화	❶ Well, I think Korea has undergone various changes across different fields over the past 10 years. ❷ And I guess one of the most significant changes among them is the advancement in transportation. ❸ So, traveling has become easier compared to the past. ❹ Transportation has become way better than in the past. ❺ It's gone through a major glow-up, you know.
비행기 표 값의 변화	❻ Think about it, plane tickets used to cost an arm and a leg back then. ❼ But now, thanks to budget airlines, they are a steal. ❽ Some flights are like half the price they used to be.
택시 부르는 방법의 변화	❾ And there was a time when we had to call the taxi company for a ride. ❿ Now, you can simply do that by using mobile apps. ⓫ There are a few different types of cabs to choose from, and you even get to see how long until they pick you up. ⓬ So, it saves you tons of time and hassle. ⓭ These apps are the real deal now; everyone's hooked.
마무리 일단락	⓮ Overall, traveling has become more convenient compared to the past, thanks to the development of transportation.

❶ 저는 한국이 지난 10년 동안 여러 분야에서 다양한 변화를 겪었다고 생각합니다. ❷ 그중에서도 가장 중요한 변화 중 하나는 교통 분야의 발전이라고 생각합니다. ❸ 그래서 여행이 과거에 비해 훨씬 쉬워졌어요. ❹ 과거보다 교통수단이 많이 향상된 것 같습니다. ❺ 정말 엄청난 발전이 있었죠. ❻ 생각해 보면, 과거에는 비행기 표값이 상당히 비싼 편이었어요. ❼ 하지만 이제는 저렴한 항공사 덕분에 가격이 훨씬 저렴합니다. ❽ 예전의 절반 가격으로도 비행기를 탈 수 있어요. ❾ 또한 예전에는 택시를 탈 때 택시 회사에 전화를 걸었어야 했어요. ❿ 이제는 휴대폰 앱으로 간단하게 호출할 수 있습니다. ⓫ 다양한 종류의 택시가 있어서 선택 폭도 넓고, 픽업까지 얼마나 걸릴지도 바로 확인할 수 있어요. ⓬ 그래서 시간과 수고를 아낄 수 있습니다. ⓭ 이런 앱들이 요즘은 진짜 대세이고, 모든 사람들이 즐겨 사용하고 있죠. ⓮ 전반적으로 교통의 발달로 여행은 과거에 비해 훨씬 편해졌습니다.

6 15-Adv 여행 관련 사람들의 걱정과 사회적 이슈 시사

키워드 people, traveling, issues, concerns

» 답변 방향과 소재 키워드

1. 종식되었지만 COVID-19가 남긴 큰 여파
   officially over, huge mark, tremendous impact

2. COVID-19와 더불어 사는 현재 사회
   endemic phase, use self-test kits, don't have to self-quarantine, consider, like the flu

3. COVID-19 종식 이후 우리 사회가 가져야 하는 태도
   stay vigilant

» 모범답변 분석 ⟶ 범용성 최상 답변(p11 학습 전략 참고)   🎧 UNIT 08_06.mp3

종식되었지만 COVID-19가 남긴 큰 여파	❶ People still talk about the COVID-19 pandemic when it comes to traveling. ❷ The COVID-19 pandemic is officially over. ❸ But it left a huge mark on our lives, you know. ❹ It wasn't that long ago that the coronavirus had a tremendous impact on our lives.
COVID-19와 더불어 사는 현재 사회	❺ As of today, the total number of cases in Korea is roughly 30 million, which is way more than half of the population. ❻ During the surge in the number of patients, many restrictions were put in place. ❼ And eventually, the pandemic entered an endemic phase. ❽ Now, people are also using self-test kits at home to see if they are infected. ❾ Even if people test positive, they don't have to self-quarantine anymore. ❿ People now consider COVID-19 almost like the flu.
COVID-19 종식 이후 우리 사회가 가져야 하는 태도	⓫ However, we are concerned that there may be some bumps along the way, so I think it is good for us to stay vigilant.

❶ 여행에 있어 아직은 코로나19에 대해 이야기를 나눕니다. ❷ 코로나19 대유행은 공식적으로 종식되었습니다. ❸ 하지만 우리 삶에는 큰 흔적을 남겼죠. ❹ 얼마 전까지만 해도 코로나바이러스가 우리 삶에 큰 영향을 미쳤었습니다. ❺ 지금까지 한국의 총 확진자 수는 약 3천만 명으로, 인구의 절반이 넘는 수치입니다. ❻ 환자 수가 급증하면서 많은 제한 조치가 시행되었습니다. ❼ 결국 대유행은 만성적인 단계로 들어섰어요. ❽ 지금은 사람들이 집에서 자가진단키트를 사용해서 감염 여부를 확인하기도 합니다. ❾ 양성 반응이 나와도 더 이상 자가격리를 하지 않아도 되는 거죠. ❿ 사람들은 이제 코로나19를 거의 감기처럼 여기고 있습니다. ⓫ 하지만 앞으로도 여전히 문제가 될 수 있는 부분이 있을 것 같아요. 그래서 우리가 계속 경계를 하는 것이 바람직하다고 생각합니다.

UNIT 09 Overseas Trip 해외여행

저자 직강 보기 　음원 듣기

1 출제 유형 학습

STEP 1. 한국어로 주제별 실제 기출 정확히 파악해 두기

STEP 2. 영어 키워드 미리 알아두기

STEP 3. 키워드만으로 질문 유형과 시제 매칭하기

≫ 기출 분석하기

1 [Int] 본인/우리나라 사람들이 가 본 해외 여행지 묘사 [현재]
키워드 you/tourists, vacations internationally, countries, cities, visited, look like

2 [Int] 본인/우리나라 사람들이 해외여행을 가서 하는 일들 [현재]
키워드 you like to do, visiting, another country

3 [Adv] 어렸을 때/처음 해외여행 경험 [과거]
키워드 trips, your youth, early trips/first trip

4 [Adv] 해외여행 중 있었던 특별한 경험 [과거]
키워드 travelling, unexpected, experience, unforgettable

5 [14-Adv] 해외여행의 과거와 현재의 변화 [과거-현재]
키워드 vacations internationally, easier, more difficult, changes

6 [15-Adv] 여행 관련 사람들의 관심사와 이야기하는 이슈 [시사]
키워드 discuss, travelling, other countries, interested

2 답변 소재 구축: 동일 답변 사용 가능한 문제 유형

1

[Int] **본인/우리나라 사람들이 가 본 해외 여행지 묘사** [현재]

키워드 you/tourists, vacations internationally, countries, cities, visited, look like

>> **답변 방향과 소재 키워드**

1. **해외 국가의 다채로운 지형**
   varied landscape, mountains, beaches, rivers

2. **강의 특징과 아름다움**
   bridges, stunning at night

3. **산의 특징과 아름다움**
   changing colors, breathtaking, fall mountain vibe

4. **바다의 특징과 아름다움**
   islands, popular vacation spots, seriously attractive

>> **모범답변 분석** ↝ 범용성 최상 답변(p11 학습 전략 참고)   🎧 UNIT 09_01.mp3

해외 국가의 다채로운 지형	❶ I went on a trip to Thailand with my family a few years ago. ❷ Thailand's got a really varied landscape because it's packed with mountains, beaches, and rivers.
강의 특징과 아름다움	❸ First off, there are loads of rivers running through big cities, supplying them with water. ❹ And there are plenty of bridges over these rivers, especially stunning at night when they're all lit up.
산의 특징과 아름다움	❺ Then you've got a bunch of mountains in Thailand. ❻ They put on a show in fall, changing colors that are just breathtaking. ❼ Lots of tourists head out hiking to soak up that fall mountain vibe.
바다의 특징과 아름다움	❽ And Thailand's got tons of beaches and islands as well. ❾ Some are popular vacation spots, and the coastline is seriously attractive.
그 국가가 아름다운 이유	❿ Overall, Thailand's geography is a real mix, with rivers, mountains, beaches, and islands making it a beautiful place. ⓫ So, I think these places are perfect as travel destinations.

❶ 저는 몇 년 전에 가족들과 태국 여행을 다녀온 적이 있습니다. ❷ 태국은 산, 해변, 강으로 가득 찬 지형으로 다채로운 풍경을 자랑합니다. ❸ 먼저, 대도시를 가로지르는 강이 많아서 그 도시들에 물을 공급합니다. ❹ 이 강 위에 다리도 많이 있어서 특히 밤에 불이 켜질 때 아름답습니다. ❺ 태국에는 다양한 산도 많죠. ❻ 산은 가을에는 아름다운 색으로 변하는데, 그 모습은 숨을 멎게 합니다. ❼ 가을 산행을 즐기는 사람들도 많죠. ❽ 게다가 태국에는 해변과 섬도 풍부합니다. ❾ 어떤 곳은 인기 있는 휴양지이며 해안선은 정말 매력적입니다. ❿ 총괄적으로 말하자면, 태국의 지리는 강, 산, 해변, 그리고 섬으로 다채롭게 얽혀 있어서 아름다운 곳으로 만들어 주고 있습니다. ⓫ 그래서 이 장소들은 여행지로써 제격인 것 같습니다.

2 [Int] **본인/우리나라 사람들이 해외여행을 가서 하는 일들** [현재]

키워드 you like to do, visiting, another country

>> 답변 방향과 소재 키워드

1. **산에서 즐기는 활동**
   hiking, camping, skiing, snowboarding
2. **강변 공원에서 즐기는 활동**
   bike, chill out, play sports, have a family picnic
3. **바닷가에서 즐기는 활동**
   surfing, swimming

>> 모범답변 분석 ⟶ 범용성 최상 답변(p11 학습 전략 참고)   🎧 UNIT 09_02.mp3

여행 가면 즐기는 다양한 활동	❶ When I go on trips to countries with diverse landscapes, I enjoy engaging in various outdoor activities.
산에서 즐기는 활동	❷ With tons of mountains around, hiking and camping have become the go-to activities. ❸ Hiking is totally the norm now. ❹ And, when winter rolls in, you'll find a lot of people go skiing or snowboarding at mountain resorts.
강변 공원에서 즐기는 활동	❺ Then there are these cool riverside parks where people bike, chill out, play sports, or just have a family picnic.
바닷가에서 즐기는 활동	❻ And due to the extensive coastline, some people head there for surfing or swimming. ❼ So, basically, I'm all about mixing it up with outdoor activities when I travel overseas.

❶ 저는 지형이 다채로운 나라에 여행을 가면 다양한 야외 활동을 하는 것을 좋아합니다. ❷ 주변에 산이 많아서 등산이나 캠핑이 대표적인 야외 활동으로 자리 잡았죠. ❸ 등산은 이제 완전 대세입니다. ❹ 그리고 겨울이면 산속 리조트에서 스키나 스노보드를 즐기는 사람들도 많습니다. ❺ 또한, 자전거를 타거나, 바람을 쐬거나, 스포츠를 즐기거나, 가족 소풍을 하는 멋진 강변 공원들이 있습니다. ❻ 그리고 넓은 해안선 덕분에 일부 사람들은 서핑이나 수영을 즐기러 가기도 합니다. ❼ 결국 저는 해외여행을 가면 야외 활동을 다양하게 즐기는 것을 좋아합니다.

3 Adv **어렸을 때/처음 해외여행 경험** 과거

키워드 trips, your youth, early trips/first trip

>> **답변 방향과 소재 키워드**

1. **여행 중 인상 깊었던 식사 경험**

solid place, was on point, immaculate, hit the spot, juicy, texture, impeccable, paired it all with some soda

>> **모범답변 분석** ─✎→ **범용성 최상 답변**(p11 학습 전략 참고)

🎧 UNIT 09_03.mp3

가물가물한 유년 시절의 기억	❶ Actually, I don't remember what I did in my childhood that well. ❷ You know, it was a long time ago, so my memory is a bit fuzzy. ❸ But there's one thing I still remember quite clearly.
기억나는 해외여행의 배경 설명	❹ I remember going on a trip to Japan with my family. ❺ We went on some water rides and swam in the ocean. ❻ During the trip, we stayed at a seaside hotel, and we had a great dinner together at a barbecue restaurant.
여행 중 인상 깊었던 식사 경험	❼ It was this solid barbecue place that served beef and pork, and let me tell you, their meat was on point. ❽ When we arrived, we ordered some of their signature dishes. ❾ The main dish and the sides were immaculate. ❿ I mean, I was actually starving, and it hit the spot perfectly. ⓫ The pork was so juicy, and the texture was just fantastic. ⓬ The flavors and seasonings they used were impeccable. ⓭ Oh, and we paired it all with some soda, which complemented the meal beautifully.
마무리 일단락	⓮ So, looking back, it was an enjoyable trip to Japan.

❶ 사실 어릴 적에 내가 무엇을 했는지는 그렇게 잘 기억이 안 납니다. ❷ 오래 전의 일이라 기억이 좀 희미하거든요. ❸ 하지만 한 가지는 여전히 분명하게 기억나는 것이 있습니다. ❹ 가족과 일본 여행을 다녀왔습니다. ❺ 물놀이도 즐기고 바다에서 수영했던 기억이 나네요. ❻ 여행 기간 동안 해변 쪽 호텔에 머물렀고, 고깃집에서 가족들과 함께 훌륭한 저녁을 보냈어요. ❼ 그 식당은 소고기와 돼지고기를 파는 정말 괜찮은 고깃집이었는데, 그들의 고기는 정말 일품이었어요. ❽ 도착했을 때, 그들의 시그니처 메뉴를 주문했습니다. ❾ 주요 요리와 사이드 메뉴들이 정말 맛있었습니다. ❿ 제가 굉장히 배가 고팠는데 딱 맞는 음식이었어요. ⓫ 돼지고기가 정말 촉촉하고 식감도 환상적이었습니다. ⓬ 사용한 양념과 맛도 너무 완벽했죠. ⓭ 아, 그리고 음식과 탄산음료를 함께 즐겼는데, 음료와 음식이 아주 잘 어울렸어요. ⓮ 돌이켜보면, 즐거운 일본 여행이었습니다.

4

키워드 traveling, unexpected, experience, unforgettable

>> 답변 방향과 소재 키워드

1. **시청한 영화의 화제성**
   starred, got a lot of spotlight, hot topic, Netflix hit

2. **영화의 특징과 좋았던 이유**
   creative storyline, big twists, well-made, acting, chemistry, original soundtracks

>> 모범답변 분석 ┈→ 범용성 최상 답변(p11 학습 전략 참고)   🎧 UNIT 09_04.mp3

해외여행 중 기억에 남는 영화 시청 경험	❶ I went camping in the mountains with some of my closest friends a few years ago. ❷ And the most memorable thing I remember is watching the Netflix series *Squid Game*.
시청한 영화의 화제성	❸ The series **starred** one of my favorite actors, Lee Jung Jae. ❹ I remember watching the news about him on TV. ❺ It **got a lot of spotlight** from the media, and it was a **hot topic** for a while. ❻ In fact, it was a **Netflix hit** in many countries around the world as well.
전반적인 영화의 특징	❼ Personally, I think the series had a **creative storyline**. ❽ There were also some **big twists** at the end. ❾ And I think the series was a bit brutal overall but very **well-made**. ❿ And the series was packed with thrilling scenes. ⓫ I also liked the **acting** and the **chemistry** among the actors. ⓬ I think the **original soundtracks** added excitement throughout the entire series.
기억에 남는 즐거웠던 해외여행	⓭ Overall, it was very entertaining, and I think it was a killer series. ⓮ I guess it was one of the most memorable overseas trips in my life.

❶ 몇 년 전에 가장 친한 친구들과 함께 산으로 캠핑을 다녀왔습니다. ❷ 그리고 가장 기억에 남는 건 넷플릭스 시리즈 '오징어 게임'을 보았던 것입니다. ❸ 영화에는 제가 좋아하는 배우 이정재가 출연했어요. ❹ 그의 소식을 TV에서 보기도 했죠. ❺ 미디어에서 크게 화제가 되었고, 한동안 엄청난 관심을 받았던 것 같아요. ❻ 실제로 세계 여러 나라에서 넷플릭스 히트작이 되기도 했죠. ❼ 개인적으로, 그 영화는 독창적인 스토리를 가졌다고 생각합니다. ❽ 결말에 큰 반전도 있었죠. ❾ 그리고 전반적으로 영화는 조금 잔인하기는 했지만, 매우 훌륭하게 만들어진 작품이었어요. ❿ 그리고 매우 긴장감 넘치는 장면들로 가득 찼습니다. ⓫ 배우들의 연기와 그들끼리의 호흡도 좋았어요. ⓬ 영화 속 오리지널 사운드트랙도 영화 전반에 흥미를 더했던 것 같아요. ⓭ 전반적으로 매우 재밌고 최고인 영화였습니다. ⓮ 제 삶에서 가장 기억에 남는 해외여행 중 하나가 아닐까 합니다.

5

14-Adv 해외여행의 과거와 현재의 변화 과거-현재

키워드 vacations internationally, easier, more difficult, changes

>> 답변 방향과 소재 키워드

1. **교통의 발달로 생긴 여행의 변화**
   transportation, has become easier

2. **비행기 표 값의 변화**
   plane tickets, an arm and a leg, budget airlines, half the price

3. **택시 부르는 방법의 변화**
   taxi company, mobile apps, different types, saves, real deal, hooked

>> 모범답변 분석 ⟶ 범용성 최상 답변(p11 학습 전략 참고)   🎧 UNIT 09_05.mp3

교통의 발달로 생긴 여행의 변화	❶ Well, I think Korea has undergone various changes across different fields over the past 10 years. ❷ And I guess one of the most significant changes among them is the advancement in transportation. ❸ So, traveling has become easier compared to the past. ❹ Transportation has become way better than in the past. ❺ It's gone through a major glow-up, you know.
비행기 표 값의 변화	❻ Think about it, plane tickets used to cost an arm and a leg back then. ❼ But now, thanks to budget airlines, they are a steal. ❽ Some flights are like half the price they used to be.
택시 부르는 방법의 변화	❾ And there was a time when we had to call a taxi company for a ride. ❿ Now, you can simply do that by using mobile apps. ⓫ There are a few different types of cabs to choose from, and you even get to see how long until they pick you up. ⓬ So, it saves you tons of time and hassle. ⓭ These apps are the real deal now; everyone's hooked.
마무리 일단락	⓮ Overall, traveling has become more convenient compared to the past, thanks to the development of transportation.

❶ 저는 한국이 지난 10년 동안 여러 분야에서 다양한 변화를 겪었다고 생각합니다. ❷ 그중에서도 가장 중요한 변화 중 하나는 교통 분야의 발전이라고 생각합니다. ❸ 그래서 여행이 과거에 비해 더 쉬워졌어요. ❹ 과거보다 교통수단이 많이 향상된 것 같습니다. ❺ 정말 엄청난 발전이 있었죠. ❻ 생각해 보면, 과거에는 비행기 표값이 상당히 비싼 편이었어요. ❼ 하지만 이제는 저렴한 항공사 덕분에 가격이 훨씬 저렴해졌습니다. ❽ 예전의 절반 가격으로도 비행기를 탈 수 있어요. ❾ 또한 예전에는 택시를 탈 때 택시 회사에 전화를 걸어야 했어요. ❿ 이제는 휴대폰 앱으로 간단하게 호출할 수 있습니다. ⓫ 다양한 종류의 택시가 있어서 선택 폭도 넓고, 픽업까지 얼마나 걸릴지도 바로 확인할 수 있어요. ⓬ 그래서 시간과 수고를 덜 수 있습니다. ⓭ 이런 앱들이 요즘은 진짜 대세이고, 모든 사람들이 즐겨 사용하고 있어요. ⓮ 전반적으로 교통의 발달로 여행은 과거에 비해 훨씬 편해졌습니다.

>> **답변 방향과 소재 키워드**

1. **종식되었지만 COVID-19가 남긴 큰 여파**
officially over, huge mark, tremendous impact

2. **COVID-19와 더불어 살아가는 현재 사회**
endemic phase, using self-test kits, don't have to self-quarantine, consider ~ like the flu

3. **COVID-19 종식 이후 우리 사회가 가져야 하는 태도**
stay vigilant

>> **모범답변 분석** → 범용성 최상 답변(p11 학습 전략 참고)   🎧 UNIT 09_06.mp3

종식되었지만 COVID-19가 남긴 큰 여파	❶ People still talk about the COVID-19 pandemic when it comes to travelling. ❷ The COVID-19 pandemic is officially over. ❸ But it left a huge mark on our lives, you know. ❹ It wasn't that long ago that the coronavirus had a tremendous impact on our lives.
COVID-19와 더불어 사는 현재 사회	❺ As of today, the total number of cases in Korea is roughly 30 million, which is way more than half of the population. ❻ During the surge in the number of patients, many restrictions were put in place. ❼ And eventually, the pandemic entered an endemic phase. ❽ Now, people are also using self-test kits at home to see if they are infected. ❾ Even if people test positive, they don't have to self-quarantine anymore. ❿ People now consider COVID-19 almost like the flu.
COVID-19 종식 이후 우리 사회가 가져야 하는 태도	⓫ However, we are concerned that there may be some bumps along the way, so I think it is good for us to stay vigilant.

❶ 여행에 있어 아직은 코로나19에 대해 이야기를 나눕니다. ❷ 코로나19 대유행은 공식적으로 종식됐습니다. ❸ 하지만 우리 삶에는 큰 흔적을 남겼죠. ❹ 얼마 전까지만 해도 코로나바이러스가 우리 삶에 큰 영향을 미쳤었습니다. ❺ 지금까지 한국의 총 확진자 수는 약 3천만 명으로, 인구의 절반이 넘는 수치입니다. ❻ 환자 수가 급증하면서 많은 제한 조치가 시행되었습니다. ❼ 그리고 결국 대유행은 만성적인 단계로 들어섰어요. ❽ 지금은 사람들이 집에서 자가진단키트를 사용해 감염 여부를 확인하기도 해요. ❾ 양성 반응이 나와도 더 이상 자가격리를 하지 않아도 되는 거죠. ❿ 사람들은 이제 코로나19를 거의 감기처럼 여기고 있습니다. ⓫ 하지만 앞으로도 여전히 문제가 될 수 있는 부분이 있을 것 같아요. 그래서 우리가 계속 경계를 하는 것이 바람직하다고 생각합니다.

UNIT
10 Country and Geography
국가와 지형

음원 듣기

1 출제 유형 학습

STEP 1. 한국어로 주제별 실제 기출 정확히 파악해 두기

STEP 2. 영어 키워드 미리 알아두기

STEP 3. 키워드만으로 질문 유형과 시제 매칭하기

≫ 기출 분석하기

1 Int 우리나라/이웃 국가의 지형/특징 묘사 현재
키워드 your country/close to your country, geography/looks like, traditions

2 Int 우리나라 사람들이 하는 여가/야외 활동 현재
키워드 your country, people, do, outdoor activities, free time activities

3 Adv 어렸을 때 좋아하는/지형 관련 장소에서의 경험 과거
키워드 favorite place/natural landmark, geography, memories, childhood

4 Adv 지형 관련 장소에서의 특별한 경험 과거
키워드 memorable, experience, geography, explore

5 Adv 우리나라의 지난 10년간 특정 분야의 과거와 현재의 변화 과거–현재
키워드 your country, changed, past decade, choose one area

6 14-Adv 우리나라와 다른 국가의 관계 변화 시사
키워드 changes, relationship, your country, other countries, geographically, economy, politics

7 15-Adv 이웃 국가 관련 역사적 사건/뉴스 시사
키워드 historic event/news, near your country/neighboring nations, relationship

1

[Int] 우리나라/이웃 국가의 지형/특징 묘사 [현재]

키워드 your country/close to your country, geography/looks like, traditions

>> 답변 방향과 소재 키워드

1. **한국의 다채로운 지형**
   varied landscape, mountains, beaches, rivers

2. **강의 특징과 아름다움**
   bridges, stunning at night

3. **산의 특징과 아름다움**
   changing colors, breathtaking, fall mountain vibe

4. **바다의 특징과 아름다움**
   islands, popular vacation spots, seriously attractive

>> 모범답변 분석 ⟶ 범용성 최상 답변(p11 학습 전략 참고)   🎧 UNIT 10_01.mp3

한국의 다채로운 지형	❶ From what I know, Korea's got a really varied landscape because it's packed with mountains, beaches, and rivers.
강의 특징과 아름다움	❷ First off, there are loads of rivers running through big cities, supplying them with water. ❸ And there are plenty of bridges over these rivers, especially stunning at night when they're all lit up.
산의 특징과 아름다움	❹ Then you've got a bunch of mountains in Korea. ❺ They put on a show in fall, changing colors that are just breathtaking. ❻ Lots of people head out hiking to soak up that fall mountain vibe.
바다의 특징과 아름다움	❼ And Korea's got tons of beaches and islands as well. ❽ Some are popular vacation spots, and the coastline is seriously attractive.
전반적으로 아름다운 우리나라	❾ Overall, Korea's geography is a real mix, with rivers, mountains, beaches, and islands making it a beautiful place.

❶ 제가 아는 바에 의하면, 한국은 산, 해변, 강으로 가득 찬 지형으로 다채로운 풍경을 자랑합니다. ❷ 먼저, 대도시를 가로지르는 강이 많아서 그 도시들에 물을 공급합니다. ❸ 이 강 위에 다리도 많이 있어서 특히 밤에 불이 켜질 때 아름답습니다. ❹ 한국에는 다양한 산도 많습니다. ❺ 가을에는 아름다운 색으로 변하는데, 그 모습은 숨을 멎게 합니다. ❻ 가을 산행을 즐기는 사람들도 많죠. ❼ 게다가 한국에는 해변과 섬도 많이 있습니다. ❽ 어떤 곳은 인기 있는 휴양지이며 해안선은 정말 매력적입니다. ❾ 총괄적으로 말하자면, 한국의 지리는 강, 산, 해변, 그리고 섬으로 다채롭게 얽혀 있어서 아름다운 곳으로 만들어 주고 있습니다.

2 Int 우리나라 사람들이 하는 여가/야외 활동 현재

키워드 your country, people, do, outdoor activities, free-time activities

>> 답변 방향과 소재 키워드

1. **산에서 즐기는 활동**
   hiking, camping, skiing, snowboarding

2. **강변 공원에서 즐기는 활동**
   bike, chill out, play sports, have a family picnic

3. **바닷가에서 즐기는 활동**
   surfing, swimming

>> 모범답변 분석 ╴╴→ 범용성 최상 답변(p11 학습 전략 참고)   🎧 UNIT 10_02.mp3

다양한 야외 활동을 즐기는 한국인	❶ Well, I think Koreans love doing outdoor activities in their free time.
산에서 즐기는 활동	❷ With tons of mountains around, hiking and camping have become the go-to activities. ❸ Hiking is totally the norm now. ❹ And when winter rolls in, you'll find a lot of people go skiing or snowboarding at mountain resorts.
강변 공원에서 즐기는 활동	❺ Then there are these cool riverside parks where people bike, chill out, play sports, or just have a family picnic.
바닷가에서 즐기는 활동	❻ And due to the extensive coastline, some people head there for surfing or swimming.
마무리 일단락	❼ So, basically, Koreans are all about mixing it up with outdoor activities.

❶ 음, 제 생각에 한국 사람들은 여가 시간에 야외 활동 하는 것을 좋아하는 것 같습니다. ❷ 주변에 산이 많아서 등산이나 캠핑이 대표적인 야외 활동으로 자리 잡았죠. ❸ 등산은 이제 완전 대세가 되었습니다. ❹ 그리고 겨울이면 산속 리조트에서 스키나 스노보드를 즐기는 사람들도 많습니다. ❺ 또한, 자전거를 타거나, 바람을 쐬거나, 스포츠를 즐기거나, 가족 소풍을 하는 멋진 강변 공원들이 있습니다. ❻ 그리고 넓은 해안선 덕분에 일부 사람들은 서핑이나 수영을 즐기러 가기도 합니다. ❼ 결국 한국 사람들은 야외 활동을 다양하게 즐기는 것을 좋아합니다.

3 [Adv] **어렸을 때 좋아하는/지형 관련 장소에서의 경험** [과거]

키워드 favorite place/natural landmark, geography, memories, childhood

>> 답변 방향과 소재 키워드

1. **기억나는 해변 여행의 배경**
   barbecue restaurant

2. **여행 중 인상 깊었던 식사 경험**
   solid place, was on point, immaculate, hit the spot, juicy, texture, impeccable, paired it all with some soda

>> 모범답변 분석 ⤳ 범용성 최상 답변(p11 학습 전략 참고)　　　　　🎧 UNIT 10_03.mp3

가물가물한 유년 시절의 기억	❶ Actually, I don't remember what I did in my childhood that well. ❷ You know, it was a long time ago, so my memory is a bit fuzzy. ❸ But there's one thing I still remember quite clearly.
기억나는 해변 여행의 배경	❹ I remember going on a trip to the beach with my family. ❺ We went on some water rides and swam in the ocean. ❻ During the trip, we stayed at a seaside hotel, and we had a great dinner together at a barbecue restaurant.
여행 중 인상 깊었던 식사 경험	❼ It was this solid barbecue place that served beef and pork, and let me tell you, their meat was on point. ❽ When we arrived, we ordered some of their signature dishes. ❾ The main dish and the sides were immaculate. ❿ I mean, I was actually starving, and it hit the spot perfectly. ⓫ The pork was so juicy, and the texture was just fantastic. ⓬ The flavors and seasonings they used were impeccable. ⓭ Oh, and we paired it all with some soda, which complemented the meal beautifully.
전반적으로 즐거웠던 여행	⓮ So, looking back, it was an enjoyable trip to the beach.

❶ 사실 어릴 적에 내가 무엇을 했는지는 그렇게 잘 기억이 안 납니다. ❷ 오래 전의 일이라 기억이 좀 희미하거든요. ❸ 하지만 한 가지는 여전히 분명하게 기억나는 것이 있습니다. ❹ 가족과 해변 여행을 다녀왔던 게 기억이 나네요. ❺ 물놀이도 즐기고 바다에서 수영했어요. ❻ 여행 기간 동안 해변 쪽 호텔에 머물렀고, 고깃집에서 가족들과 함께 훌륭한 저녁을 보냈어요. ❼ 그 식당은 소고기와 돼지고기를 파는 정말 괜찮은 고깃집이었는데, 그들의 고기는 정말 일품이었어요. ❽ 도착했을 때, 그들의 시그니처 메뉴를 주문했습니다. ❾ 주요 요리와 사이드 메뉴들이 정말 맛있었습니다. ❿ 제가 굉장히 배가 고팠는데 딱 맞는 음식이었어요. ⓫ 돼지고기가 정말 촉촉하고 식감도 환상적이었습니다. ⓬ 사용한 양념과 맛도 너무 완벽했죠. ⓭ 아, 그리고 음식과 탄산음료를 함께 즐겼는데, 음료와 음식이 아주 잘 어울렸어요. ⓮ 돌이켜보면, 즐거운 해변 여행이었습니다.

4 [Adv] **지형 관련 장소에서의 특별한 경험** [과거]

키워드 memorable, experience, geography, explore

>> **답변 방향과 소재 키워드**

1. **시청한 영화의 화제성**
   starred, got a lot of spotlight, hot topic, Netflix hit

2. **영화의 전반적인 특징**
   creative storyline, big twists, well-made, acting, chemistry, original soundtracks

>> **모범답변 분석** ⤳ **범용성 최상 답변(p11 학습 전략 참고)**   🎧 UNIT 10_04.mp3

여행지에서 시청한 인상 깊었던 영화	❶ I went camping in the mountains with some of my closest friends a few years ago. ❷ And the most memorable thing I remember is watching the Netflix series *Squid Game*.
시청한 영화의 화제성	❸ The series starred one of my favorite actors, Lee Jung Jae. ❹ I remember watching the news about him on TV. ❺ It got a lot of spotlight from the media, and it was a hot topic for a while. ❻ In fact, it was a Netflix hit in many countries around the world as well.
영화의 전반적인 특징	❼ Personally, I think the series had a creative storyline. ❽ There were also some big twists at the end. ❾ And I think the series was a bit brutal overall, but very well-made. ❿ And the series was packed with thrilling scenes. ⓫ I also liked the acting and the chemistry among the actors. ⓬ I think the original soundtracks added excitement throughout the entire series.
기억에 남을만한 즐거웠던 여행	⓭ Overall, it was very entertaining, and I think it was a killer series. ⓮ I guess it was one of the most memorable camping trips in my life.

❶ 몇 년 전에 가장 친한 친구들과 함께 산에서 캠핑을 다녀왔습니다. ❷ 그리고 가장 기억에 남는 건 넷플릭스 시리즈 '오징어 게임'을 보았던 것입니다. ❸ 영화에는 제가 좋아하는 배우 이정재가 출연했어요. ❹ 그의 소식을 TV에서 보기도 했죠. ❺ 미디어에서 크게 화제가되었고, 한동안 엄청난 관심을 받았던 것 같아요. ❻ 실제로 세계 여러 나라에서 넷플릭스 히트작이 되기도 했죠. ❼ 개인적으로, 그 영화는 독창적인 스토리를 가졌다고 생각합니다. ❽ 결말에 큰 반전도 있었죠. ❾ 그리고 전반적으로 영화는 조금 잔인하기는 했지만, 매우 훌륭하게 만들어진 작품이었어요. ❿ 그리고 매우 긴장감 넘치는 장면들로 가득 찼습니다. ⓫ 배우들의 연기와 그들끼리의 호흡도 좋았어요. ⓬ 영화 속 오리지널 사운드트랙도 영화 전반에 흥미를 더했던 것 같아요. ⓭ 전반적으로 매우 재밌고 정말 대박인 영화였습니다. ⓮ 제 삶에서 가장 기억에 남는 캠핑 중 하나가 아닐까 합니다.

5 [Adv] 우리나라의 지난 10년간 특정 분야의 과거와 현재의 변화 [과거-현재]

키워드 your country, changed, past decade, choose one area

>> 답변 방향과 소재 키워드

1. **비행기 표 값의 변화**
   plane tickets, an arm and a leg, budget airlines, half the price

2. **택시 부르는 방법의 변화**
   taxi company, mobile apps, different types, saves, real deal, hooked

>> 모범답변 분석 ⟶ 범용성 최상 답변(p11 학습 전략 참고)   🎧 UNIT 10_05.mp3

교통의 발달로 생긴 여행의 변화	❶ Well, I think Korea has undergone various changes across different fields over the past 10 years. ❷ And I guess one of the most significant changes among them is the advancement in transportation. ❸ Transportation has become way better than in the past. ❹ It's gone through a major glow-up, you know.
비행기 표 값의 변화	❺ Think about it, plane tickets used to cost an arm and a leg back then. ❻ But now, thanks to budget airlines, they are a steal. ❼ Some flights are like half the price they used to be.
택시 부르는 방법의 변화	❽ And there was a time when we had to call a taxi company for a ride. ❾ Now, you can simply do that by using mobile apps. ❿ There are a few different types of cabs to choose from, and you even get to see how long until they pick you up. ⓫ So, it saves you tons of time and hassle. ⓬ These apps are the real deal now; everyone's hooked.
마무리 일단락	⓭ Overall, transportation has made some decent upgrades over the years.

❶ 저는 한국이 지난 10년 동안 여러 분야에서 다양한 변화를 겪었다고 생각합니다. ❷ 그중에서도 가장 중요한 변화 중 하나는 교통 분야의 발전이라고 생각합니다. ❸ 과거보다 교통수단이 많이 향상된 것 같습니다. ❹ 정말 엄청난 발전이 있었죠. ❺ 생각해 보면 과거에는 비행기 표 값이 상당히 비싼 편이었어요. ❻ 하지만 이제는 저렴한 항공사 덕분에 가격이 훨씬 저렴해졌습니다. ❼ 예전의 절반 가격으로도 비행기를 탈 수 있어요. ❽ 또한 예전에는 택시를 탈 때 택시 회사에 전화를 걸어야 했어요. ❾ 이제는 휴대폰 앱으로 간단하게 호출할 수 있습니다. ❿ 다양한 종류의 택시가 있어서 선택 폭도 넓고, 픽업까지 얼마나 걸릴지도 바로 확인할 수 있어요. ⓫ 그래서 시간과 수고를 아낄 수 있습니다. ⓬ 이런 앱들이 요즘은 진짜 대세여서 많은 사람들이 즐겨 사용해요. ⓭ 전반적으로 교통수단이 꽤나 발전한 것 같습니다.

6

14-Adv 우리나라와 다른 국가의 관계 변화 [시사]

키워드 changes, relationship, your country, other countries, geographically, economy, politics

>> 답변 방향과 소재 키워드

1. **남한과 북한의 관계**
   ups and downs

2. **한국전쟁**
   the Korean War, lasted for three years, loss of lives, signed a ceasefire agreement

3. **외교적 노력과 북한의 적대심**
   inter-Korean summits, hostile behavior, missile tests, nuclear test

>> 모범답변 분석   🎧 UNIT 10_06.mp3

남한과 북한의 관계	① Let me talk about the relationship between North and South Korea. ② The relationship between the two countries has experienced a lot of ups and downs.
한국전쟁	③ And a major event in Korean history was the Korean War that started in 1950. ④ It lasted for three years and caused the loss of millions of lives. ⑤ The UN stepped in, and both sides signed a ceasefire agreement. ⑥ This war is the reason why Korea remains divided into North and South. ⑦ Both North and South Korea heavily invest in their militaries.
외교적 노력과 북한의 적대심	⑧ And lately, there were attempts to make peace through various meetings, like the inter-Korean summits. ⑨ But unfortunately, all of that didn't really change anything. ⑩ North Korea has reverted to its usual hostile behavior towards South Korea, conducting many missile tests and even another nuclear test.
한반도 평화에 대한 소망	⑪ I hope the tension on the Korean peninsula will be eased soon.

❶ 남한과 북한의 관계에 대해 이야기해 보겠습니다. ❷ 두 나라 간의 관계는 많은 파동을 겪었습니다. ❸ 그리고 한반도의 가장 큰 역사적 사건은 1950년에 시작된 한국전쟁입니다. ❹ 이 전쟁은 3년 동안 지속되었으며 수백만 명의 사람들이 목숨을 잃었습니다. ❺ 유엔이 개입하여 양측이 휴전 협정을 체결했습니다. ❻ 이 전쟁으로 인해 한국은 여전히 남북으로 분단되어 있습니다. ❼ 북한과 남한은 모두 군사에 많은 투자를 하고 있습니다. ❽ 그리고 최근에는 남북 정상회담과 같은 다양한 회의를 통해 평화를 이루려는 시도가 있었습니다. ❾ 하지만 안타깝게도, 그런 노력들이 실제로는 아무런 변화를 가져오지 못했습니다. ❿ 북한은 남한에 대한 적대적인 태도로 돌아갔고, 많은 미사일 실험과 심지어 핵실험을 진행했습니다. ⓫ 저는 한반도의 긴장이 곧 누그러졌으면 하는 바람이 있습니다.

`15-Adv` 이웃 국가 관련 역사적 사건/뉴스 `시사`

키워드 historic event/news, near your country/neighboring nations, relationship

>> 답변 방향과 소재 키워드

1. COVID-19 유행 때 일본과 한국의 입국 규제
   entry restrictions, political reasons

2. 종식되었지만 COVID-19가 남긴 큰 여파
   significant impact, reduce face-to-face meetings, avoiding packed places, shut down, social distancing

3. COVID-19와 더불어 사는 단계와 입국 규제 해제
   behind us, restrictions, regulations, have been dropped, returned to normal, lessons, entry restrictions, have been lifted

>> 모범답변 분석 → 범용성 최상 답변(p11 학습 전략 참고) ⌖ UNIT 10_07.mp3

COVID-19 유행 때 강화된 한일 입국 규제	❶ When the COVID-19 pandemic was prevalent, Japan and Korea tightened entry restrictions on each other. ❷ According to the news, it was more due to political reasons than for disease control. ❸ Since then, the relationship between the two countries has become even more complicated.
종식되었지만 COVID-19가 남긴 큰 여파	❹ Over the past few years, venturing outside has been quite risky due to COVID-19, you know. ❺ It made a significant impact on our daily routines. ❻ We had to reduce face-to-face meetings, and avoiding packed places like hotels became the norm. ❼ Actually, when new cases surged, businesses were forced to shut down. ❽ Plus, masks and social distancing became part of our daily routine.
종식 이후 입국 규제 해제	❾ Thankfully, it seems like the pandemic is finally behind us. ❿ Most of the restrictions and social distancing regulations have been dropped. ⓫ So, no more mandatory masks in public, you know. ⓬ All in all, things have pretty much returned to normal. ⓭ I believe COVID-19 has taught us valuable lessons that we should keep in mind. ⓮ I'm just relieved that the entry restrictions between Korea and Japan have been lifted.

❶ 코로나 팬데믹이 유행했을 때, 일본과 한국은 서로 입국 제한을 강화했습니다. ❷ 뉴스에 의하면, 이는 질병 통제보다는 정치적인 이유가 더 컸다고 합니다. ❸ 그 이후로, 두 나라 간의 관계는 더 복잡해졌습니다. ❹ 지난 몇 년 동안은, 코로나19로 인해 외출하는 것이 상당한 리스크였습니다. ❺ 코로나는 우리의 일상생활에 상당한 영향을 미쳤습니다. ❻ 우리는 대면 접촉을 최소화해야 했고, 호텔과 같은 혼잡한 장소를 피해야 하는 것이 일상이 되었습니다. ❼ 실제로 새로운 확진자가 급증할 때는 사업장들이 휴업해야 했습니다. ❽ 또한 마스크 착용과 사회적 거리 두기가 일상이 되었습니다. ❾ 다행히도, 이제 팬데믹이 끝났다는 느낌이 듭니다. ❿ 대부분의 제한 조치와 사회적 거리 두기 규정이 해제되었습니다. ⓫ 더 이상 공공장소에서 의무적으로 마스크를 착용할 필요가 없게 되었죠. ⓬ 대체로 모든 것이 거의 정상으로 돌아간 것 같습니다. ⓭ 코로나19가 우리에게 기억해야 할 소중한 교훈을 가르쳐주었다고 생각합니다. ⓮ 이제 한국과 일본 사이의 입국 규제가 풀렸다는 것이 참 다행이라고 생각합니다.

UNIT 11 Restaurant 음식점

음원 듣기

1 출제 유형 학습

STEP 1. 한국어로 주제별 실제 기출 정확히 파악해 두기

STEP 2. 영어 키워드 미리 알아두기

STEP 3. 키워드만으로 질문 유형과 시제 매칭하기

≫ 기출 분석하기

1 [Int] 우리나라의 음식점 묘사 [현재]
키워드 restaurants, typical, your country

2 [Int] 좋아하는 동네/외국 음식점 묘사 [현재]
키워드 restaurant, ethnic, international/where you live, local places

3 [Int] 본인이 음식점에 가면 하는 일들 묘사 [현재]
키워드 you, usually do, typical, restaurant visit

4 [Adv] 어렸을 때의 음식점과 현재 음식점의 차이 [과거-현재]
키워드 restaurant, remember, childhood, different, today

5 [Adv] 최근에 외식했던 경험 [과거]
키워드 the last time, eat out, restaurant, happened

6 [14-Adv] 외식 업계의 건강 추세 과거와 현재의 변화 [시사]
키워드 trend, restaurant industry, changes, healthier, health-conscious

7 [15-Adv] 체인점과 동네 음식점에 대한 사람들의 인식 차이 [시사]
키워드 chain restaurants, expect, menu, prices, small local restaurants, compare

1 [Int] 우리나라의 음식점 묘사 [현재]

키워드 restaurants, typical, your country

>> 답변 방향과 소재 키워드

1. **우리나라 고깃집의 장소적 특징**
   a lot of, prime areas, strolling around, get crowded

2. **고깃집의 종류와 구체적 특징**
   grill the meat themselves, separate meal items, meal options, noodles, stews

>> 모범답변 분석

🎧 UNIT 11_01.mp3

고깃집의 장소적 특징	❶ Like many other countries, there are quite a lot of barbecue restaurants in Korea, especially in prime areas where there are loads of people strolling around. ❷ They tend to get pretty crowded during the weekends.
고깃집의 종류와 구체적 특징	❸ At these barbecue places, they serve various types of meat like pork, beef, chicken, and duck. ❹ One interesting fact is that customers have to grill the meat themselves. ❺ Another interesting thing is that diners usually order separate meal items after finishing the meat. ❻ Meal options range from various types of noodles to stews in Korean barbecue restaurants.
마무리 일단락	❼ So, that's pretty much what I know about typical restaurants in Korea.

❶ 여느 나라들처럼 한국에도 많은 고깃집들이 있습니다. 특히 많은 사람들이 다니는 주요 지역에 많이 위치하고 있죠. ❷ 주말에 꽤 붐비는 경향이 있습니다. ❸ 이 고깃집에서는 돼지고기, 쇠고기, 닭고기 그리고 오리고기와 같은 다양한 종류의 고기를 제공합니다. ❹ 한 가지 흥미로운 사실은 고객들이 고기를 직접 구워야 한다는 것입니다. ❺ 또 다른 흥미로운 점은 손님들이 일반적으로 고기를 다 먹은 후에 별도의 식사 메뉴를 주문한다는 것입니다. ❻ 한국의 고깃집에서는 다양한 종류의 면과 찌개 등 다양한 종류의 식사 옵션이 제공됩니다. ❼ 이것이 한국의 전형적인 음식점에 관해 제가 아는 부분입니다.

2 [Int] 좋아하는 동네/외국 음식점 묘사 [현재]

키워드 restaurant, ethnic, international/where you live, local places

7 [15-Adv] 체인점과 동네 음식점에 대한 사람들의 인식 차이 [시사]

키워드 chain restaurants, expect, menu, prices, small local restaurants, compare

≫ 답변 방향과 소재 키워드

1. 대형 체인 음식점의 특징
   set menu, all about grabbing, Big Mac combo

2. 작은 동네 음식점의 특징
   no fixed menu, scanning through, ask for recommendation

≫ 모범답변 분석　　　　　　　　　　　　　　🎧 UNIT 11_02.mp3

두 종류의 음식점에 대한 나의 선호도	❶ There are tons of chain restaurants and small local restaurants in my area. ❷ I like eating out at both kinds of restaurants.
대형 체인 음식점의 특징	❸ When I go to chain restaurants, I usually stick with what I know since they've got a set menu. ❹ Like, whenever I go to McDonald's, I'm all about grabbing their classic Big Mac combo.
작은 동네 음식점의 특징	❺ But when I check out local spots, it's a whole different story. ❻ With no fixed menu, I find myself scanning through the options, trying to decide. ❼ If I'm feeling lost, I'll just ask the staff for a recommendation.
마무리 일단락	❽ So yeah, the big difference between chains and local restaurants is all about how they do their menus.

❶ 내가 사는 동네에는 수많은 체인점과 작은 지역 음식점이 있습니다. ❷ 저는 두 종류의 음식점 모두에서 식사하는 것을 좋아합니다. ❸ 체인점에 가면 일반적으로 고정된 메뉴가 있기 때문에 내가 알던 것을 주로 시킵니다. ❹ 예를 들어, 맥도날드에 갈 때면 그들의 대표 메뉴인 빅맥 콤보를 시키는 걸 좋아합니다. ❺ 하지만 지역 음식점에 가면 상황이 전혀 다릅니다. ❻ 고정된 메뉴가 없어서 음식을 고르느라 애를 먹곤 합니다. ❼ 헤매고 있을 때는 직원에게 추천을 요청하기도 합니다. ❽ 그러니까, 체인점과 지역 음식점의 큰 차이는 메뉴를 어떻게 구성하느냐에 달려 있는 것 같습니다.

3 [Int] **본인이 음식점에 가면 하는 일들 묘사** [현재]

키워드 you, usually do, typical, restaurant visit

>> 답변 방향과 소재 키워드

1. **음식을 먹기 전에 하는 일**
wait to be seated, review the menu, decide, place my order, engage in conversation, browse on my phone

2. **음식이 나온 후에 하는 일**
enjoying the meal, request additional items, order dessert or coffee, request the bill, pay for the meal

>> 모범답변 분석 🎧 UNIT 11_03.mp3

음식을 먹기 전에 하는 일	❶ When I arrive at a restaurant, I typically wait to be seated. ❷ And then, I take a moment to review the menu and decide on a meal. ❸ Then, I place my order with the server. ❹ While waiting for the food to arrive, I engage in conversation with my dining companions or perhaps browse on my phone.
음식이 나온 후에 하는 일	❺ When the food is served, I begin enjoying the meal. ❻ Throughout the meal, I request additional items whenever I need to. ❼ After finishing the main course, I sometimes order dessert or coffee if I still have room. ❽ Finally, I request the bill from the server and pay for the meal before leaving the restaurant.

❶ 식당에 도착하면 일반적으로 자리에 앉을 때까지 기다립니다. ❷ 그러고 나서 메뉴를 살펴보고 식사를 고르기 위해 잠시 시간을 갖습니다. ❸ 그런 다음에 직원에게 주문을 합니다. ❹ 음식이 나올 때까지 기다리면서 함께 식사할 사람들과 대화를 나누거나 휴대전화를 보기도 합니다. ❺ 음식이 나오면 식사를 즐기기 시작합니다. ❻ 식사 중에 필요할 때마다 추가 주문을 합니다. ❼ 주요리를 다 먹은 후에는 더 먹을 수 있다면 때로는 디저트나 커피를 주문하기도 합니다. ❽ 마지막으로, 직원에게 계산서를 요청하고 식사비를 지불한 후에 식당에서 나갑니다.

4 [Adv] 어렸을 때의 음식점과 현재 음식점의 차이 [과거-현재]

키워드 restaurant, remember, childhood, different, today

6 [14-Adv] 외식 업계의 건강 추세 과거와 현재의 변화 [시사]

키워드 trend, restaurant industry, changes, healthier, health-conscious

≫ 답변 방향과 소재 키워드

1. 어렸을 때와 다르게 외식/배달 음식에 대한 의존도 상승
   demanding schedules, unable to dedicate time, cooking, eat out, order delivery

2. 건강식에 대한 높은 수요
   health-conscious, lean towards, healthier dining options, salads, vegetables, essential nutrients, nutritional powerhouses

3. 수요에 따른 현재 음식점들의 메뉴 개발 추이
   developed, healthier menu

≫ 모범답변 분석   🎧 UNIT 11_04.mp3

어렸을 때와 다르게 외식/배달 음식 의존도 상승	❶ I think people with demanding schedules often find themselves unable to dedicate time to home cooking compared to how it was when I was a kid. ❷ Consequently, they frequently eat out or order delivery on weekdays.
건강식에 대한 높은 수요	❸ As people become more health-conscious, they tend to lean towards healthier dining options. ❹ Salads, for instance, have gained a lot of popularity due to their abundance of vegetables packed with essential nutrients like vitamins. ❺ Many consider them to be nutritional powerhouses, and I too find myself having salads from time to time.
수요에 따른 현재 음식점들의 메뉴 개발 추이	❻ In response to this evolving consumer preference, a lot of restaurants have developed healthier menu alternatives. ❼ They actively promote the health benefits of their offerings, attracting customers who prefer nutritious dining options.
어린 시절과 현재의 음식점에 차이가 있음	❽ So, it seems like the landscape of restaurant food has changed significantly over time, now offering a health-conscious selection compared to when I was a kid.

❶ 제가 어렸을 때에 비해 (요즘) 사람들은 바쁜 일정으로 집에서 요리하는 시간을 내기 어려워하는 경향이 있습니다. ❷ 그 결과로 평일에는 외식이나 배달 주문을 많이 하곤 합니다. ❸ 건강에 더 신경을 쓰는 사람들이 많아지면서, 건강한 식사를 선호하는 경향이 뚜렷해지고 있습니다. ❹ 특히 샐러드는 채소가 풍부하여 비타민과 같은 필수 영양소가 풍부한 것으로 인해 인기가 높아졌죠. ❺ 많은 사람들이 샐러드를 영양소 섭취 기회로 생각하고, 저 또한 가끔은 샐러드를 즐기곤 합니다. ❻ 이러한 소비자 선호도의 변화에 대응하여 많은 음식점들이 건강한 메뉴 옵션을 개발하고 있어요. ❼ 그들은 자신들의 요리가 제공하는 건강상의 이점을 적극적으로 홍보하여 건강한 식사 메뉴를 선호하는 손님들을 끌어들이고 있습니다. ❽ 그래서, 식당 음식의 풍경이 시간이 지나면서 상당히 바뀌고 있는데, 제 어릴 적과 비교했을 때, 요즘 (음식점에서는) 건강식 메뉴를 더 많이 제공하고 있습니다.

5 [Adv] **최근에 외식했던 경험** [과거]

키워드 the last time, eat out, restaurant, happened

>> **답변 방향과 소재 키워드**

1. **식당에서 친구 모임 경험**
   gathering, decent restaurant, hands down, one of the top

2. **인상 깊었던 식사 경험**
   solid spot, was on point, immaculate, hit the spot, juicy, texture, impeccable, paired it all with some wine

3. **즐거웠던 식사 경험**
   delightful

>> **모범답변 분석** ⟿ 범용성 최상 답변(p11 학습 전략 참고)   🎧 UNIT 11_05.mp3

식당에서 친구 모임 경험	❶ I remember having a gathering at a decent restaurant with some of my friends last week. ❷ It was hands down one of the top restaurants in that area.
인상 깊었던 식사 경험	❸ It was this solid Italian spot, and let me tell you, their pasta was on point. ❹ When we arrived, we ordered some of their signature dishes. ❺ The main dish and the sides were immaculate. ❻ I mean, I was actually starving, and it hit the spot perfectly. ❼ The steak in the pasta was so juicy, and the texture was just fantastic. ❽ The flavors and seasonings they used were impeccable. ❾ Oh, and we paired it all with some wine, which complemented the meal beautifully.
즐거웠던 식사 경험	❿ Looking back, that gathering at the restaurant was such a delightful experience.

❶ 지난주에 친구들과 괜찮은 식당에서 모임을 한 적이 있습니다. ❷ 그 음식점은 그 지역에서 최고의 음식점 중 하나였습니다. ❸ 그곳은 정말 괜찮은 이탈리안 식당이었는데, 그들의 파스타는 정말 일품이었어요. ❹ 도착했을 때, 그들의 시그니처 메뉴를 주문했습니다. ❺ 주요 리와 사이드 메뉴들이 정말 맛있었습니다. ❻ 제가 굉장히 배가 고팠는데 딱 맞는 음식이었어요. ❼ 파스타 안의 스테이크는 정말 촉촉하고 식감도 환상적이었습니다. ❽ 사용한 양념과 맛도 너무 완벽했죠. ❾ 아, 그리고 음식과 와인을 함께 즐겼는데, 와인이 음식과 아주 잘 어울렸어요. ❿ 돌이켜보면, 그 음식점에서의 모임은 정말 즐거운 경험이었습니다.

UNIT 12 Holidays and Celebrations
휴일과 기념일

응원 듣기

1 출제 유형 학습

STEP 1. 한국어로 주제별 실제 기출 정확히 파악해 두기

STEP 2. 영어 키워드 미리 알아두기

STEP 3. 키워드만으로 질문 유형과 시제 매칭하기

≫ 기출 분석하기

1 [Int] 우리나라 사람들이 휴일/기념일/파티를 보내는 장소와 활동 묘사 [현재]
키워드 holidays/gatherings/celebrations/parties, your country, where, what kinds of things

2 [Int] 우리나라 사람들이 위에 언급한 휴일에 하는 일들 [현재]
키워드 choose one, you just told me, people, typically do

3 [Adv] 어렸을 때 휴일에 있었던 특별한 경험 [과거]
키워드 special holiday, memory, childhood

4 [Adv] 최근 휴일/기념일/파티에 있었던 경험 [과거]
키워드 last holiday/gathering/celebration/party, celebrated, memorable, recent

5 [14-Adv] 우리나라의 휴일과 사람들이 하는 일 [시사]
키워드 some holidays, your country, people do, special

6 [14-Adv] 모임/기념일의 과거–현재/지역 간의 변화 [시사]
키워드 gatherings, celebrations, changed, past, today, towns, cities

7 [15-Adv] 휴일/기념일/모임 관련 사람들의 걱정과 사회적 이슈 [시사]
키워드 issues, concerns, people have, holidays/gatherings/celebrations

1 Int 우리나라 사람들이 휴일/기념일/파티를 보내는 장소와 활동 묘사 현재

키워드 holidays/gatherings/celebrations/parties, your country, where, what kinds of things

5 14-Adv 우리나라의 휴일과 사람들이 하는 일 시사

키워드 some holidays, your country, people do, special

6 14-Adv 모임/기념일의 과거-현재/지역 간의 변화 시사

키워드 gatherings, celebrations, changed, past, today, towns, cities

>> 답변 방향과 소재 키워드

1. **한국의 대표 명절** Lunar New Year holiday, Korean Thanksgiving holiday
2. **산에서 즐기는 활동** hiking, camping, skiing, snowboarding
3. **강변 공원에서 즐기는 활동** bike, chill out, play sports, have a family picnic
4. **바닷가에서 즐기는 활동** surfing, swimming

>> 모범답변 분석 → 범용성 최상 답변(p11 학습 전략 참고)   🎧 UNIT 12_01.mp3

시간, 장소에 따라 크게 다르지 않은 모임과 기념일	❶ Well, I think gatherings and celebrations haven't changed that much over the years. ❷ They are actually pretty much the same wherever you are.
한국의 대표 명절	❸ There are two big family holidays in Korea. ❹ One is the Lunar New Year holiday, and the other is the Korean Thanksgiving holiday.
휴일과 명절에 다양한 야외 활동을 즐기는 한국인	❺ And I think Koreans love doing outdoor activities during the holidays.
산에서 즐기는 활동	❻ With tons of mountains around, hiking and camping have become the go-to activities. ❼ Hiking is totally the norm now. ❽ And when winter rolls in, you'll find a lot of people go skiing or snowboarding at mountain resorts.
강변 공원에서 즐기는 활동	❾ Then there are these cool riverside parks where people bike, chill out, play sports, or just have a family picnic.
바닷가에서 즐기는 활동	❿ And due to the extensive coastline, some people head there for surfing or swimming.
마무리 일단락	⓫ So, basically, Koreans are all about mixing it up with outdoor activities during the holidays.

❶ 음, 제 생각에 모임과 기념일은 시간이 지나도 그렇게 많이 변하지 않은 것 같습니다. ❷ 사실 어디에 있든 대체로 비슷한 것 같아요. ❸ 한국에는 크게 두 가지 가족 명절이 있습니다. ❹ 하나는 설날이고, 다른 하나는 추석입니다. ❺ 제 생각에 한국 사람들은 명절에 야외 활동을 즐기는 것을 좋아하는 것 같습니다. ❻ 주변에 산이 많아서 등산이나 캠핑이 대표적인 야외 활동으로 자리 잡았죠. ❼ 등산은 이제 완전 대세가 되었습니다. ❽ 그리고 겨울이면 산속 리조트에서 스키나 스노보드를 즐기는 사람들도 많습니다. ❾ 또한, 자전거를 타거나, 바람을 쐬거나, 스포츠를 즐기거나, 가족 소풍을 하는 멋진 강변 공원들이 있습니다. ❿ 그리고 넓은 해안선 덕분에 일부 사람들은 서핑이나 수영을 즐기러 가기도 합니다. ⓫ 결국 한국 사람들은 명절에 야외 활동을 다양하게 즐기는 것을 좋아합니다.

2 [Int] **우리나라 사람들이 위에 언급한 휴일에 하는 일들** [현재]

키워드 choose one, you just told me, people, typically do

≫ 답변 방향과 소재 키워드

1. 앞서 해당 질문에 대한 내용을 언급했다는 논리적 설명
covered most, earlier

2. 더 첨언할 사항이 없음
isn't much more I can say

≫ 모범답변 분석   🎧 UNIT 12_02.mp3

앞서 해당 질문에 대한 내용을 언급했다는 논리적 설명	❶ Well, it feels like I've pretty much covered most of the activities Koreans do during their holidays earlier. ❷ After the pandemic ended, it seems like people here are even more into going out and enjoying outdoor activities.
더 첨언할 사항이 없음	❸ That's about all I know on this topic, I guess. ❹ So, there isn't much more I can say about it for now.

❶ 음, 우리나라 사람들이 명절에 하는 일들은 좀 전에 거의 다 언급한 것 같습니다. ❷ 코로나 종식 이후로 여기 사람들은 더욱 나가서 야외 활동을 즐기는 것을 좋아하는 것 같습니다. ❸ 제가 아는 사실은 이 정도입니다. ❹ 그래서 더 이상 이 주제에 대해 지금으로써는 할 말이 없습니다.

3 [Adv] **어렸을 때 휴일에 있었던 특별한 경험** [과거]
키워드 special holiday, memory, childhood

>> 답변 방향과 소재 키워드

1. **어렸을 때 식당에서 가족 모임 경험**
family gathering, got together for lunch, barbecue restaurant

2. **인상 깊었던 식사 경험**
solid barbecue place, was on point, immaculate, hit the spot, juicy, texture, impeccable, paired it all with some soda

>> 모범답변 분석 ⤳ 범용성 최상 답변(p11 학습 전략 참고)   🎧 UNIT 12_03.mp3

어렸을 때라 가물가물한 기억	❶ Actually, I don't remember what I did in my childhood that well. ❷ You know, it was a long time ago, so my memory is a bit fuzzy. ❸ But there's one thing I still remember quite clearly.
어렸을 때 식당에서 가족 모임 경험	❹ I remember having a family gathering during the holidays when I was a kid. ❺ We got together for lunch at a decent barbecue restaurant.
인상 깊었던 식사 경험	❻ It was this solid barbecue place that served beef and pork, and let me tell you, their meat was on point. ❼ When we arrived, we ordered some of their signature dishes. ❽ The main dish and the sides were immaculate. ❾ I mean, I was actually starving, and it hit the spot perfectly. ❿ The pork was so juicy, and the texture was just fantastic. ⓫ The flavors and seasonings they used were impeccable. ⓬ Oh, and we paired it all with some soda, which complemented the meal beautifully.
즐거웠던 휴일 경험	⓭ Looking back, it was an enjoyable family gathering at a restaurant.

❶ 사실 어릴 적에 내가 무엇을 했는지는 그렇게 잘 기억이 안 납니다. ❷ 오래 전의 일이라 기억이 좀 희미하거든요. ❸ 하지만 한 가지는 여전히 분명하게 기억나는 것이 있습니다. ❹ 어렸을 때 휴일 동안 가족 모임을 가졌던 기억이 납니다. ❺ 그날 저희는 점심때 꽤 괜찮은 고깃집에서 점심식사를 하기 위해 모였습니다. ❻ 그 식당은 소고기와 돼지고기를 파는 정말 괜찮은 고깃집이었는데, 그들의 고기는 정말 일품이었어요. ❼ 도착했을 때, 그들의 시그니처 메뉴를 주문했습니다. ❽ 주요리와 사이드 메뉴들이 정말 맛있었습니다. ❾ 제가 굉장히 배가 고팠는데 딱 맞는 음식이었어요. ❿ 돼지고기가 정말 촉촉하고 식감도 환상적이었습니다. ⓫ 사용한 양념과 맛도 너무 완벽했죠. ⓬ 아, 그리고 음식과 탄산음료를 함께 즐겼는데, 음료와 음식이 아주 잘 어울렸어요. ⓭ 돌이켜보면, 식당에서의 즐거운 가족 모임이었습니다.

4 **Adv** 최근 휴일/기념일/파티에 있었던 경험 과거

키워드 last holiday/gathering/celebration/party, celebrated, memorable, recent

≫ 답변 방향과 소재 키워드

1. 시청한 영화의 화제성
starred, got a lot of spotlight, hot topic, Netflix hit

2. 영화의 특징과 좋았던 이유
creative storyline, big twists, well-made, acting, chemistry, original soundtracks

≫ 모범답변 분석 ⇢ 범용성 최상 답변(p11 학습 전략 참고) 🎧 UNIT 12_04.mp3

휴일/기념일/파티에서 재미있게 본 영화 언급	❶ I remember watching the Netflix series *Squid Game* during the holidays.
시청한 영화의 화제성	❷ The series starred one of my favorite actors, Lee Jung Jae. ❸ I remember watching the news about him on TV. ❹ It got a lot of spotlight from the media, and it was a hot topic for a while. ❺ In fact, it was a Netflix hit in many countries around the world as well.
영화의 특징과 좋았던 이유	❻ Personally, I think the series had a creative storyline. ❼ There were also some big twists at the end. ❽ And I think the series was a bit brutal overall, but very well-made. ❾ And the series was packed with thrilling scenes. ❿ I also liked the acting and the chemistry among the actors. ⓫ I think the original soundtracks added excitement throughout the entire series.
전반적으로 가장 기억에 남는 작품 중 하나	⓬ Overall, it was very entertaining, and I think it was a killer series. ⓭ I guess it was one of the most memorable drama series in my life.

❶ 휴일에 넷플릭스 시리즈 '오징어 게임'를 봤던 기억이 납니다. ❷ 영화에는 제가 좋아하는 배우 이정재가 출연했어요. ❸ 그의 소식을 TV에서 보기도 했죠. ❹ 미디어에서 크게 화제가 되었고 한동안 엄청난 관심을 받았던 것 같아요. ❺ 실제로 세계 여러 나라에서 넷플릭스 히트작이 되기도 했죠. ❻ 개인적으로 그 영화는 독창적인 스토리를 가졌다고 생각합니다. ❼ 결말에 큰 반전도 있었죠. ❽ 그리고 전반적으로 영화는 조금 잔인하기는 했지만, 매우 훌륭하게 만들어진 작품이었어요. ❾ 그리고 매우 긴장감 넘치는 장면들로 가득 찼습니다. ❿ 배우들의 연기와 그들끼리의 호흡도 좋았어요. ⓫ 영화 속 오리지널 사운드트랙도 영화 전반에 흥미를 더했던 것 같아요. ⓬ 전반적으로 매우 재밌고 최고인 영화였습니다. ⓭ 제 삶에서 가장 기억에 남는 드라마 시리즈 중 하나가 아닐까 합니다.

7 15-Adv 휴일/기념일/모임 관련 사람들의 걱정과 사회적 이슈 시사

키워드 issues, concerns, people have, holidays/gatherings/celebrations

>> 답변 방향과 소재 키워드

1. **종식되었지만 COVID-19가 남긴 큰 여파**
   officially over, huge mark, tremendous impact

2. **COVID-19와 더불어 사는 단계**
   endemic phase, use self-test kits, don't have to self-quarantine, consider like the flu, stay vigilant

>> 모범답변 분석 ─→ 범용성 최상 답변(p11 학습 전략 참고)   🎧 UNIT 12_05.mp3

종식되었지만 COVID-19가 남긴 큰 여파	❶ People still talk about the COVID-19 pandemic when it comes to celebrating holidays. ❷ The COVID-19 pandemic is officially over. ❸ But it left a huge mark on our lives, you know. ❹ It wasn't that long ago that the coronavirus had a tremendous impact on our lives.
COVID-19와 더불어 사는 단계	❺ As of today, the total number of cases in Korea is roughly 30 million, which is way more than half of the population. ❻ During the surge in the number of patients, many restrictions were put in place. ❼ And eventually, the pandemic entered an endemic phase. ❽ Now, people are also using self-test kits at home to see if they are infected. ❾ Even if people test positive, they don't have to self-quarantine anymore. ❿ People now consider COVID-19 almost like the flu.
COVID-19 이후에 우리가 가져야 하는 사회적 태도	⓫ However, we are concerned that there may be some bumps along the way, so I think it is good for us to stay vigilant.

❶ 사람들은 휴일을 기념하는 것에 대해 아직도 코로나19에 대해 이야기를 나눕니다. ❷ 코로나19 대유행은 공식적으로 종식됐습니다. ❸ 하지만 우리 삶에는 큰 흔적을 남겼죠. ❹ 얼마 전까지만 해도 코로나바이러스가 우리 삶에 큰 영향을 미쳤었습니다. ❺ 지금까지 한국의 총 확진자 수는 약 3천만 명으로, 인구의 절반이 넘는 수치입니다. ❻ 환자 수가 급증하면서 많은 제한 조치가 시행되었습니다. ❼ 그리고 결국 대유행은 만성적인 단계로 들어섰어요. ❽ 지금은 사람들이 집에서 자가진단키트를 사용해서 감염 여부를 확인하기도 해요. ❾ 양성 반응이 나와도 더 이상 자가격리를 하지 않아도 되는 거죠. ❿ 사람들은 이제 코로나19를 거의 감기처럼 여기고 있습니다. ⓫ 하지만 앞으로도 여전히 문제가 될 수 있는 부분이 있을 것 같아요. 그래서 우리가 계속 경계를 하는 것이 바람직하다고 생각합니다.

UNIT 13 Vacation at Home
집에서 휴가

저자 직강 보기 　음원 듣기

1　출제 유형 학습

STEP 1.　한국어로 주제별 실제 기출 정확히 파악해 두기

STEP 2.　영어 키워드 미리 알아두기

STEP 3.　키워드만으로 질문 유형과 시제 매칭하기

≫ 기출 분석하기

1 Int 휴가 중 만나고 싶은 사람 묘사 현재
키워드 people, like to see, spend time, vacation

2 Int 휴가 때 만나는 사람들과 하고 싶은 일들 현재
키워드 things, like to do, people, visit, see, vacation

3 Adv 최근 집에서 보낸 휴가 경험 과거
키워드 last vacation, at home, you did

4 Adv 집에서 보낸 특별한 휴가 경험 과거
키워드 unusual, unexpected, experience, at home, vacation, memorable

5 14-Adv 사람들이 휴가 보내는 방법의 과거와 현재의 변화 시사
키워드 people, spend, vacations, the way, growing up, changed

6 15-Adv 사회적으로 휴가가 중요시되는 이유 시사
키워드 vacations, important, benefits, health, relationships, personal growth

1

[Int] 휴가 중 만나고 싶은 사람 묘사 [현재]

키워드 people, like to see, spend time, vacation

» 답변 방향과 소재 키워드

1. **한국의 대표 명절**
   Lunar New Year holiday, Korean Thanksgiving holiday

2. **산에서 즐기는 활동**
   hiking, camping, skiing, snowboarding

3. **강변 공원에서 즐기는 활동**
   bike, chill out, play sports, have a family picnic

4. **바닷가에서 즐기는 활동**
   surfing, swimming

» 모범답변 분석 ～》 범용성 최상 답변(p11 학습 전략 참고)   🎧 UNIT 13_01.mp3

시간, 장소에 따라 크게 다르지 않은 모임과 기념일	❶ Well, I think gatherings and celebrations haven't changed that much over the years. ❷ They are actually pretty much the same wherever you are.
한국의 대표 명절	❸ There are two big family holidays in Korea. ❹ One is the Lunar New Year holiday, and the other is the Korean Thanksgiving holiday.
휴일과 명절에 다양한 야외 활동을 즐기는 한국인	❺ And I think Koreans love doing outdoor activities during the holidays.
산에서 즐기는 활동	❻ With tons of mountains around, hiking and camping have become the go-to activities. ❼ Hiking is totally the norm now. ❽ And when winter rolls in, you'll find a lot of people go skiing or snowboarding at mountain resorts.
강변 공원에서 즐기는 활동	❾ Then there are these cool riverside parks where people bike, chill out, play sports, or just have a family picnic.
바닷가에서 즐기는 활동	❿ And due to the extensive coastline, some people head there for surfing or swimming.
마무리 일단락	⓫ So, basically, Koreans are all about mixing it up with outdoor activities during the holidays.

❶ 음, 제 생각에 모임과 기념일은 시간이 지나도 그렇게 많이 변하지 않은 것 같습니다. ❷ 사실 어디에 있든 대체로 비슷한 것 같아요. ❸ 한국에는 크게 두 가지 가족 명절이 있습니다. ❹ 하나는 설날이고, 다른 하나는 추석입니다. ❺ 제 생각에 한국 사람들은 명절에 야외 활동을 즐기는 것을 좋아하는 것 같습니다. ❻ 주변에 산이 많아서 등산이나 캠핑이 대표적인 야외 활동으로 자리 잡았죠. ❼ 등산은 이제 완전 대세가 되었습니다. ❽ 그리고 겨울이면 산속 리조트에서 스키나 스노보드를 즐기는 사람들도 많습니다. ❾ 또한, 자전거를 타거나, 바람을 쐬거나, 스포츠를 즐기거나, 가족 소풍을 하는 멋진 강변 공원들이 있습니다. ❿ 그리고 넓은 해안선 덕분에 일부 사람들은 서핑이나 수영을 즐기러 가기도 합니다. ⓫ 결국 한국 사람들은 명절에 야외 활동을 다양하게 즐기는 것을 좋아합니다.

2 [Int] 휴가 때 만나는 사람들과 하고 싶은 일들 [현재]

키워드 things, like to do, people, visit, see, vacation

≫ 답변 방향과 소재 키워드

1. 앞서 해당 질문에 대한 내용을 언급했다는 논리적 설명
covered most, earlier

2. 더 첨언 할 사항이 없음
isn't much more I can say

≫ 모범답변 분석

🎧 UNIT 13_02.mp3

앞서 해당 질문에 대한 내용을 언급했다는 논리적 설명	❶ Well, it feels like I've pretty much covered most of the activities Koreans do during their holidays earlier. ❷ After the pandemic ended, it seems like people here are even more into going out and enjoying outdoor activities.
더 첨언할 사항이 없음	❸ That's about all I know on this topic, I guess. ❹ So, there isn't much more I can say about it for now.

❶ 음, 우리나라 사람들이 명절에 하는 일들은 좀 전에 거의 다 언급을 한 것 같습니다. ❷ 코로나 종식 이후로 더욱 나가서 야외 활동을 즐기는 것을 좋아하는 것 같습니다. ❸ 제가 아는 사실은 이 정도입니다. ❹ 더 이상 이 주제에 대해 지금으로써는 할 말이 없습니다.

Adv 최근 집에서 보낸 휴가 경험 **과거**

키워드 last vacation, at home, you did

>> 답변 방향과 소재 키워드

1. **휴가 때 집에서 가족 모임 경험**
   family gathering

2. **인상 깊었던 식사 경험**
   solid place, was on point, immaculate, juicy, texture, impeccable, paired it all with some wine

>> 모범답변 분석 ⤳ 범용성 최상 답변(p11 학습 전략 참고)   🎧 UNIT 13_03.mp3

휴가 때 집에서 가족 모임 경험	❶ I remember having a family gathering at home on my last vacation. ❷ We ordered in some barbecue and some Korean food from a decent restaurant in my area.
인상 깊었던 식사 경험	❸ It was this solid barbecue place that served beef and pork, and let me tell you, their meat was on point. ❹ We also had some of their signature dishes. ❺ The main dish and the sides were immaculate. ❻ I mean, I was actually starving and it hit the spot perfectly. ❼ The pork was so juicy, and the texture was just fantastic. ❽ The flavors and seasonings they used were impeccable. ❾ Oh, and we paired it all with some wine, which complemented the meal beautifully.
즐거웠던 휴가	❿ Looking back, it was an enjoyable family gathering at home.

❶ 지난 휴가 때 집에서 가족 모임을 가졌던 기억이 납니다. ❷ 그날 저희는 동네에 있는 괜찮은 식당에서 고기와 한국 음식을 주문했습니다. ❸ 그 식당은 소고기와 돼지고기를 파는 정말 괜찮은 고깃집이었는데, 그들의 고기는 정말 일품이었어요. ❹ 그들의 시그니처 메뉴도 주문했습니다. ❺ 주요리와 사이드 메뉴들이 정말 맛있었습니다. ❻ 제가 굉장히 배가 고팠는데 딱 맞는 음식이었어요. ❼ 돼지고기가 정말 촉촉하고 식감도 환상적이었습니다. ❽ 사용한 양념과 맛도 너무 완벽했죠. ❾ 아, 그리고 음식과 와인을 함께 즐겼는데, 와인과 음식이 아주 잘 어울렸어요. ❿ 돌이켜보면, 집에서 즐거운 가족 모임이었습니다.

4 Adv 집에서 보낸 특별한 휴가 경험 과거

키워드 unusual, unexpected, experience, at home, vacation, memorable

>> 답변 방향과 소재 키워드

1. **휴가 때 시청한 영화의 화제성**
   starred, got a lot of spotlight, hot topic, Netflix hit

2. **영화의 특징과 좋았던 이유**
   creative storyline, big twists, well-made, acting, chemistry, original soundtracks

>> 모범답변 분석 ⤳ 범용성 최상 답변(p11 학습 전략 참고)   🎧 UNIT 13_04.mp3

휴가 때 재미있게 본 영화 언급	❶ I remember watching the Netflix series *Squid Game* on my last vacation at home.
휴가 때 시청한 영화의 화제성	❷ The series starred one of my favorite actors, Lee Jung Jae.
	❸ I remember watching the news about him on TV.
	❹ It got a lot of spotlight from the media, and it was a hot topic for a while.
	❺ In fact, it was a Netflix hit in many countries around the world as well.
영화의 특징과 좋았던 이유	❻ Personally, I think the series had a creative storyline.
	❼ There were also some big twists at the end.
	❽ And I think the series was a bit brutal overall but very well-made.
	❾ And the series was packed with thrilling scenes.
	❿ I also liked the acting and the chemistry among the actors.
	⓫ I think the original soundtracks added excitement throughout the entire series.
전반적으로 가장 인상 깊었던 작품 중 하나	⓬ Overall, it was very entertaining, and I think it was a killer series.
	⓭ I guess it was one of the most memorable drama series in my life.

❶ 지난 휴가 때 집에서 넷플릭스 시리즈 '오징어 게임'를 봤던 기억이 납니다. ❷ 영화에는 제가 좋아하는 배우 이정재가 출연했어요. ❸ 그의 소식을 TV에서 보기도 했죠. ❹ 미디어에서 크게 화제가 되었고 한동안 엄청난 관심을 받았던 것 같아요. ❺ 실제로 세계 여러 나라에서 넷플릭스 히트작이 되기도 했죠. ❻ 개인적으로 그 영화는 독창적인 스토리를 가졌다고 생각합니다. ❼ 결말에 큰 반전도 있었죠. ❽ 그리고 전반적으로 영화는 조금 잔인하기는 했지만, 매우 훌륭하게 만들어진 작품이었어요. ❾ 그리고 매우 긴장감 넘치는 장면들로 가득 찼습니다. ❿ 배우들의 연기와 그들끼리의 호흡도 좋았어요. ⓫ 영화 속 오리지널 사운드트랙도 영화 전반에 흥미를 더했던 것 같아요. ⓬ 전반적으로 매우 재밌고 정말 대박인 영화였습니다. ⓭ 제 삶에서 가장 기억에 남는 드라마 시리즈 중 하나가 아닐까 합니다.

5 14-Adv 사람들이 휴가 보내는 방법의 과거와 현재의 변화 시사

키워드 people, spend, vacations, the way, growing up, changed

>> 답변 방향과 소재 키워드

1. COVID-19 이전의 활동이 자유로웠던 휴가
   a lot of outdoor activities, go on trips

2. COVID-19로 즐기기 어려웠던 휴가
   risky, significant impact, reduce face-to-face meetings, avoid crowded places, shut down, socially distancing

3. COVID-19 종식 이후 사회적 거리두기와 규제 해제
   behind us, regulations, have been dropped

4. COVID-19 종식 이후 일상 회복과 다시 즐길 수 있는 휴가
   returned to normal, valuable lessons, relieved

>> 모범답변 분석 → 범용성 최상 답변(p11 학습 전략 참고)   🎧 UNIT 13_05.mp3

COVID-19 이전의 활동이 자유로웠던 휴가	❶ Well, I think the way people spend vacations has changed a lot over the years. ❷ In the past, people used to do a lot of outdoor activities or go on trips.
COVID-19로 즐기기 어려웠던 휴가	❸ But for the past few years, venturing outside has been quite risky due to COVID-19, you know. ❹ It made a significant impact on our daily routines. ❺ We had to reduce face-to-face meetings, and avoiding packed places like hotels became the norm. ❻ Actually, when new cases surged, businesses were forced to shut down. ❼ Plus, masks and social distancing became part of our daily routine.
COVID-19 종식 이후 사회적 거리 두기와 규제 해제	❽ Thankfully, it seems like the pandemic is finally behind us. ❾ Most of the restrictions and social distancing regulations have been dropped. ❿ So, no more mandatory masks in public, you know.
COVID-19 종식 이후 일상 회복과 다시 즐길 수 있는 휴가	⓫ All in all, things have pretty much returned to normal. ⓬ I believe COVID-19 has taught us valuable lessons that we should keep in mind. ⓭ I'm just relieved that we can now enjoy outdoor activities on our vacations again.

❶ 음, 저는 사람들이 휴가를 보내는 방법이 몇 년간 꽤 변했다고 생각합니다. ❷ 과거에는 사람들이 야외 활동을 하거나 여행을 다니곤 했었죠. ❸ 하지만 지난 몇 년 동안은 코로나로 인해 외출하는 것이 상당한 리스크가 되었거든요. ❹ 코로나는 우리의 일상생활에 상당한 영향을 미쳤습니다. ❺ 우리는 대면 접촉을 최소화해야 했고, 호텔과 같은 혼잡한 장소를 피해야 하는 것이 일상이 되었습니다. ❻ 실제로 새로운 확진자가 급증할 때는 사업장들이 휴업해야 했습니다. ❼ 또한 마스크 착용과 사회적 거리 두기가 일상이 되었습니다. ❽ 다행히도, 이제 팬데믹이 끝났다는 느낌이 듭니다. ❾ 대부분의 제한 조치와 사회적 거리 두기 규정이 해제되었습니다. ❿ 더 이상 공공장소에서 의무적으로 마스크를 착용할 필요가 없게 되었죠. ⓫ 대체로 모든 것이 거의 정상으로 돌아온 것 같습니다. ⓬ 코로나가 우리에게 기억해야 할 소중한 교훈을 가르쳐주었다고 생각합니다. ⓭ 이제 다시 휴가 때 야외 활동을 자유롭게 즐길 수 있다는 것을 참 다행이라 생각합니다.

6 15-Adv 사회적으로 휴가가 중요시되는 이유 시사

키워드 vacations, important, benefits, health, relationships, personal growth

>> 답변 방향과 소재 키워드

1. **건강적인 측면에서의 중요성**
burn out, chance to kick back, recharge, fired up

2. **관계 유지 목적에서의 중요성**
quality time, loved ones, picking up hobbies, going on trips, bonding

3. **자기 계발 측면에서의 중요성**
reflect on life, career, solid plans, pick up new skills, read good books

>> 모범답변 분석   🎧 UNIT 13_06.mp3

다방면에서 중요한 휴가	❶ Vacations are crucial in so many ways. ❷ Taking time off is just essential for your health, relationships, and your own personal growth.
건강적 측면에서의 중요성	❸ First, your health really benefits from a break. ❹ If you keep pushing without any downtime, you're gonna burn out. ❺ Taking a vacation gives you that chance to kick back, recharge, and come back to work all fired up.
관계 유지 목적에서의 중요성	❻ Then, there are relationships. ❼ Spending quality time with your loved ones is also very important, you know, and vacations are like the perfect setting for that. ❽ Whether it's picking up shared hobbies or going on trips together, it's all about bonding.
자기 계발 측면에서의 중요성	❾ Also, vacations are important for personal growth. ❿ Stepping away gives you that breathing room to reflect on life, your career, and make some solid plans for the future. ⓫ Plus, you can pick up new skills or read some good books.
마무리 일단락	⓬ So, basically, taking a vacation is absolutely essential in many ways.

❶ 휴가는 여러 면에서 중요합니다. ❷ 건강, 대인 관계, 그리고 개인적인 성장 면에서 정말 중요합니다. ❸ 먼저 건강 면에서 휴가는 정말 큰 도움이 됩니다. ❹ 쉬지 않고 계속해서 힘들게 일하다 보면 지치게 되거든요. ❺ 휴가를 가면 편하게 쉬고, 재충전할 수 있어서 다시 일에 새로운 활력을 얻을 수 있어요. ❻ 그리고 대인 관계도 중요하죠. ❼ 가족과 함께 퀄리티 있는 시간을 보내는 것도 매우 중요한데, 휴가가 그에게 딱인 환경이죠. ❽ 공유하는 취미를 찾거나 함께 여행을 다니는 것, 모든 것이 결국 유대감을 쌓는 데에 도움이 되거든요. ❾ 또한, 휴가는 개인적인 성장에도 중요합니다. ❿ 멀어져서 살펴보면 인생과 직업에 대해 생각해 보고, 미래를 위한 계획을 세울 수 있어요. ⓫ 뿐만 아니라, 새로운 기술을 배우거나 좋은 책을 읽는 것도 가능하죠. ⓬ 결국, 기본적으로 휴가를 갖는 것은 여러 가지 방면에서 아주 필수적입니다.

UNIT 14 Shopping 쇼핑

저자 직강 보기　응원 듣기

1 출제 유형 학습

STEP 1. 한국어로 주제별 실제 기출 정확히 파악해 두기
STEP 2. 영어 키워드 미리 알아두기
STEP 3. 키워드만으로 질문 유형과 시제 매칭하기

》 기출 분석하기

1 Int 우리나라 쇼핑 장소 묘사 현재
키워드 stores, shopping centers, your country

2 Int 본인의 쇼핑 습관과 루틴 현재
키워드 where, what, when, why, interest, shopping

3 Int 쇼핑 가면 하는 일들 현재
키워드 typical, shopping day, you do

4 Adv 어렸을 때 쇼핑 경험 과거
키워드 early memories, where, when, experience

5 Adv 특별한 쇼핑 경험 과거
키워드 interesting, good, funny, problematic, experience, happened

6 14-Adv 사람들이 쇼핑하는 방법의 과거와 현재의 변화 시사
키워드 shopping, changed, significant

7 15-Adv 사람들이 관심 갖는 상품이나 서비스 시사
키워드 products, services, shoppers, interest, these days

2 | 답변 소재 구축: 동일 답변 사용 가능한 문제 유형

1

Int 우리나라 쇼핑 장소 묘사 현재

키워드 stores, shopping centers, your country

≫ 답변 방향과 소재 키워드

1. **쇼핑센터의 장소적 특징**
   a lot of, prime areas, strolling around, get crowded

2. **쇼핑센터의 구체적 특징**
   large in size, a lot of options, great prices, awesome deals, high-quality

≫ 모범답변 분석

UNIT 14_01.mp3

쇼핑센터의 장소적 특징	① Like many other countries, there are quite a lot of shopping centers in Korea, especially in prime areas where there are loads of people strolling around. ② They tend to get pretty crowded during the weekends.
쇼핑센터의 구체적 특징	③ There are some shopping malls and outlet malls that are large in size. ④ They sell everything from well-known clothing brands to all kinds of accessories. ⑤ So, there are a lot of options to choose from. ⑥ Their stuff is sold at great prices, so you can get awesome deals there. ⑦ They also offer high-quality products.
마무리 일단락	⑧ So, that's pretty much what I know about typical shopping centers in Korea.

❶ 여느 다른 나라들처럼 한국에도 많은 쇼핑센터가 있습니다. 특히 많은 사람들이 다니는 주요 지역에 많이 위치하고 있죠. ❷ 주말에 꽤 붐비는 경향이 있습니다. ❸ 일부 쇼핑몰이나 아울렛 몰은 굉장히 크기가 큽니다. ❹ 유명 의류 브랜드부터 다양한 액세서리까지 모든 것을 판매하고 있어요. ❺ 그래서 선택지가 많습니다. ❻ 그들의 물건은 좋은 가격에 판매돼서 거기서 쇼핑하면 가성비가 좋습니다. ❼ 또한 품질이 좋은 제품도 제공하고 있습니다. ❽ 이것이 한국의 전형적인 쇼핑센터에 관한 제가 아는 부분입니다.

2 [Int] **본인의 쇼핑 습관과 루틴** [현재]

키워드 where, what, when, why, interest, shopping

>> 답변 방향과 소재 키워드

1. **과거 쇼핑 방식**
   go to physical stores

2. **현재 쇼핑 방식**
   online shopping, becoming the norm, convenient, scroll and click, quick payments, home delivery, time-saver

3. **쇼핑하는 상품의 종류**
   a few taps

>> 모범답변 분석   🎧 UNIT 14_02.mp3

과거 쇼핑 방식	❶ Well, back in the day, I used to go to physical stores to shop.
현재 쇼핑 방식	❷ But now, online shopping has taken over, and it's becoming the norm. ❸ Personally, I shop online more often these days. ❹ And why not? It's convenient in many ways. ❺ There's no need to step out when you can just scroll and click from your computer or phone. ❻ Quick payments and home delivery are definitely a time-saver. ❼ Plus, the online world offers so many options and killer deals.
쇼핑하는 상품의 종류	❽ From tech gadgets, clothes, and books to groceries, people get them online. ❾ So, basically, they are all ordered with a few taps. ❿ It's just how people shop these days whenever they need something.

❶ 과거에는 실제 상점에 가서 쇼핑하곤 했습니다. ❷ 하지만 요즘은 온라인 쇼핑이 대세로 자리 잡고 있어요. ❸ 개인적으로 저도 요즘 온라인 쇼핑을 많이 하는 편입니다. ❹ 그럴만한 이유가 많죠. 여러 면에서 편하기 때문이죠. ❺ 컴퓨터나 핸드폰으로 스크롤하고 클릭만으로 물건을 구입할 수 있어서 집을 나가지 않아도 돼요. ❻ 빠른 결제와 배송은 시간 절약에 큰 도움이 됩니다. ❼ 게다가, 온라인 세계에서는 다양한 선택지와 굉장한 할인도 있어요. ❽ 테크 제품부터 옷, 책, 그리고 식료품까지 모든 것이 온라인으로 구매되는 시대입니다. ❾ 그래서 기본적으로 간단한 탭만으로 모든 걸 주문합니다. ❿ 요즘 사람들이 물건이 필요할 때 쇼핑하는 방식이에요.

3 [Int] 쇼핑 가면 하는 일들 [현재]

키워드 typical, shopping day, you do

>> 답변 방향과 소재 키워드

1. **쇼핑 가기 전에 하는 일**
   think about, where, when, comfortable shoes

2. **쇼핑 가서 하는 일**
   look around, compare prices, try things on, pay

>> 모범답변 분석   🎧 UNIT 14_03.mp3

쇼핑 가기 전에 하는 일	❶ Well, on a typical shopping day, I first decide what to buy. ❷ I also think about where to go and when to go. ❸ And I make sure to dress light and wear comfortable shoes because I usually walk around a lot when I go shopping.
쇼핑 가서 하는 일	❹ When I get to the shopping mall, I first look around and compare prices. ❺ I sometimes try things on in the fitting room. ❻ When I find something I want to buy, I go up to the counter and pay for it. ❼ I usually pay with my credit card or use mobile payments.
마무리 일단락	❽ So, yeah, this is what I do on a typical shopping day.

❶ 보통 쇼핑하는 날에 저는 먼저 무엇을 살지 결정합니다. ❷ 어디로 가고 언제 가야 할지도 생각해 보죠. ❸ 그리고 가벼운 옷과 편한 신발을 신는 걸 중요하게 여겨요, 왜냐하면 쇼핑할 때 보통 많이 걸어 다니거든요. ❹ 쇼핑몰에 도착하면 먼저 둘러보고 가격을 비교해 봅니다. ❺ 때로는 탈의실에서 무언가를 착용해 보기도 해요. ❻ 사고 싶은 물건을 찾으면 계산대로 가서 구매해요. ❼ 보통 신용카드나 모바일 결제를 사용해요. ❽ 네, 이것이 제가 보통 쇼핑하는 방식입니다.

4 Adv **어렸을 때 쇼핑 경험** 과거

키워드 early memories, where, when, experience

>> 답변 방향과 소재 키워드

1. 엄마와 쇼핑 가서 맛있는 음식을 먹었던 경험
food court, have dinner

2. 인상 깊었던 식사 경험
solid place, on point, immaculate, still remember, juicy, texture, impeccable, paired it all with some soft drinks, memorable

>> 모범답변 분석 ⟶ 범용성 최상 답변(p11 학습 전략 참고)　　　　🎧 UNIT 14_04.mp3

엄마와 쇼핑 가서 식사했던 경험	❶ Actually, I don't remember my early memories of shopping that well. ❷ It was such a long time ago, so my memory is unclear. ❸ But there's one thing that comes to mind. ❹ I remember going shopping with my mom when I was a kid. ❺ We went to a shopping center in our area. ❻ After shopping, we went to the food court in the shopping center to have dinner.
인상 깊었던 식사 경험	❼ It was this solid barbecue place that served beef and pork, and I can still remember, their meat was on point. ❽ We ordered some of their signature dishes. ❾ The main dish and the sides were immaculate. ❿ I mean, I can still remember how good they were. ⓫ The pork was so juicy, and the texture was just fantastic. ⓬ The flavors and seasonings they used were impeccable. ⓭ Oh, and we paired it all with some soft drinks, which complemented the meal beautifully. ⓮ Looking back, it was one of the most memorable shopping experiences in my life.

❶ 사실, 어린 시절 쇼핑하는 기억이 그렇게 선명하게 남아있지는 않습니다. ❷ 너무 오랜 시간이 지나서 기억이 흐릿해졌거든요. ❸ 하지만 한 가지가 떠오르네요. ❹ 어릴 적에 엄마와 함께 쇼핑을 간 기억이죠. ❺ 우리 동네에 있는 쇼핑센터에 갔었어요. ❻ 쇼핑을 마치고 나서, 쇼핑센터의 푸드 코트에 가서 저녁을 먹었던 기억이 납니다. ❼ 그 식당은 소고기와 돼지고기를 파는 정말 괜찮은 고깃집이었는데, 그들의 고기는 정말 일품이었어요. ❽ 그들의 시그니처 메뉴를 주문했습니다. ❾ 주요리와 사이드 메뉴들이 정말 맛있었습니다. ❿ 오죽하면 아직도 그 맛을 잊지 못해요. ⓫ 돼지고기가 정말 촉촉하고 식감도 환상적이었습니다. ⓬ 사용한 양념과 맛도 너무 완벽했죠. ⓭ 아, 그리고 음식과 탄산음료를 함께 즐겼는데, 음료와 음식이 아주 잘 어울렸어요. ⓮ 돌이켜보면, 인생에서 가장 기억에 남을만한 쇼핑 경험입니다.

5 Adv **특별한 쇼핑 경험** 과거

키워드 interesting, good, funny, problematic, experience, happened

>> **답변 방향과 소재 키워드**

1. **쇼핑 중 휴대전화 배터리가 나가서 불편했던 경험**
   phone died, inconvenient, charged it up properly

2. **귀가 후 충전과 추후 방전에 대한 대비**
   charged up, charger, battery pack, lasted longer

>> **모범답변 분석** ⟶ 범용성 최상 답변(p11 학습 전략 참고)   🎧 UNIT 14_05.mp3

쇼핑 중 휴대전화 배터리가 나가서 불편했던 경험	❶ I remember when my phone died when I went shopping a couple of days ago. ❷ I was searching for clothing brands to shop for on my phone. ❸ But since my phone was dead, I couldn't. ❹ It was so inconvenient, and I wish I had charged it up properly beforehand.
귀가 후 충전과 추후 방전에 대한 대비	❺ I got home eventually and charged up the phone. ❻ Now, I sometimes carry around my charger or a battery pack. ❼ Carrying them around is a bit of a hassle, you know, but I gotta do what I gotta do. ❽ I wish phone batteries lasted longer though.

❶ 몇 일 전 쇼핑하러 갔다가 휴대전화 배터리가 다 떨어졌던 기억이 납니다. ❷ 휴대전화로 옷 브랜드를 찾고 있었어요. ❸ 하지만 휴대전화 배터리가 나가는 바람에 못 했습니다. ❹ 정말 불편했고, 미리 충전해 두었더라면 좋았을 텐데라는 생각이 들었어요. ❺ 결국 집에 도착해서 휴대전화를 충전했어요. ❻ 요즘은 때때로 충전기나 배터리 팩을 들고 다니기도 해요. ❼ 좀 번거로운데, 어쩔 수 없죠. ❽ 휴대전화 배터리가 더 오래 지속됐으면 좋겠다는 생각이 듭니다.

6

`14-Adv` 사람들이 쇼핑하는 방법의 과거와 현재의 변화 `시사`

키워드 shopping, changed, significant

>> 답변 방향과 소재 키워드

1. **과거 쇼핑 방식**
   going to physical stores

2. **현재 쇼핑 방식**
   online shopping, becoming the norm, convenient, scroll and click, quick payments, home delivery, time-saver

3. **온라인으로 구매 가능한 다양한 상품 종류**
   a few taps

>> 모범답변 분석 ᠆᠆> 범용성 최상 답변(p11 학습 전략 참고)   🎧 UNIT 14_06.mp3

과거 쇼핑 방식	① I think shopping has changed a lot over the years. ② Back in the day, going to physical stores was the way to go for shopping.
현재 쇼핑 방식	③ But now, online shopping has taken over, and it's becoming the norm. ④ And why not? ⑤ It's convenient in many ways. ⑥ There's no need to step out when you can just scroll and click from your computer or phone. ⑦ Quick payments and home delivery are definitely a time-saver. ⑧ Plus, the online world offers so many options and killer deals.
온라인으로 구매 가능한 다양한 상품 종류	⑨ From tech gadgets, clothes, and books to groceries, people get them online. ⑩ So, basically, they are all ordered with a few taps. ⑪ It's just how people shop these days whenever they need something.

❶ 쇼핑은 그동안 많이 변했다고 생각합니다. ❷ 과거에는 실제 상점을 방문하는 게 쇼핑의 주된 방법이었죠. ❸ 하지만 요즘은 온라인 쇼핑이 대세로 자리 잡고 있어요. ❹ 그럴만한 이유가 많죠. ❺ 여러 면에서 편리합니다. ❻ 컴퓨터나 핸드폰으로 스크롤하고 클릭만으로 물건을 구입할 수 있어서 집을 나가지 않아도 돼요. ❼ 빠른 결제와 배송은 시간 절약에 큰 도움이 됩니다. ❽ 게다가 온라인 세계에서는 다양한 선택지와 굉장한 할인도 있어요. ❾ 테크 제품부터 옷, 책, 그리고 식료품까지 모든 것을 온라인으로 구매합니다. ❿ 그래서 기본적으로 간단한 탭만으로 모든 주문이 됩니다. ⓫ 이게 요즘 사람들이 물건이 필요할 때 선택하는 방식이에요.

7 15-Adv 사람들이 관심 갖는 상품이나 서비스 시사

키워드 products, services, shoppers, interest, these days

》 답변 방향과 소재 키워드

1. **휴대전화 사용으로 편리해진 음악 듣기**
   smartphone, everywhere, wherever
2. **스트리밍 서비스의 장점**
   convenient, useful, thousands of songs, easy searching, own playlists, sound quality
3. **블루투스 기기의 장점**
   game-changer, wireless, hassle-free

》 모범답변 분석 ᐳ 범용성 최상 답변(p11 학습 전략 참고)

🎧 UNIT 14_07.mp3

휴대전화 사용으로 편리해진 음악 듣기	❶ People usually enjoy music on their smartphones, which they carry everywhere, allowing them to listen to music wherever they go.
스트리밍 서비스의 장점	❷ They're convenient and useful in many ways. ❸ You have thousands of songs at your fingertips, easy searching, and the real kicker is that you can create your own playlists. ❹ These platforms utilize algorithms to suggest similar songs for your playlists. ❺ Notably, sound quality has improved a lot.
블루투스 기기의 장점	❻ Also, both cell phones and computers have Bluetooth. ❼ That means you can hook them up to Bluetooth earphones or speakers. ❽ Those gadgets are everywhere these days, and they're a game-changer. ❾ No cords to mess with, and it's all wireless and hassle-free. ❿ Personally, I got AirPods as a birthday gift and haven't looked back.
마무리 일단락	⓫ So, there it is. ⓬ These are some of the products and services people are interested in these days.

❶ 사람들은 주로 스마트폰을 통해 음악을 즐깁니다. 항상 휴대전화를 가지고 다니기 때문에 어디서든 음악을 듣게 됩니다. ❷ 이 서비스들은 다양한 면에서 편리하고 유용합니다. ❸ 손가락으로 수천 개의 곡을 손쉽게 찾아 들을 수 있고, 자신만의 플레이리스트를 만들 수 있다는 것이 큰 장점입니다. ❹ 이러한 플랫폼은 알고리즘을 활용하여 유사한 곡을 플레이리스트에 제안하기도 합니다. ❺ 특히 음질도 많이 향상되었습니다. ❻ 뿐만 아니라 휴대전화와 컴퓨터는 블루투스를 지원합니다. ❼ 이것은 블루투스 이어폰이나 스피커에 연결할 수 있음을 의미합니다. ❽ 이러한 기기들이 요즘에는 어디서나 사용되며 혁신적인 역할을 하고 있습니다. ❾ 별도의 선을 다룰 필요가 없으며, 모든 것이 무선으로 간편합니다. ❿ 개인적으로 저는 생일 선물로 에어팟을 받아 사용 중이고, 만족하고 있습니다. ⓫ 상황이 그렇습니다. ⓬ 이것들이 사람들이 요즘 관심 갖는 상품과 서비스입니다.

UNIT 15 Health and Diet
건강과 식단

음원 듣기

---

1 출제 유형 학습

STEP 1. 한국어로 주제별 실제 기출 정확히 파악해 두기

STEP 2. 영어 키워드 미리 알아두기

STEP 3. 키워드만으로 질문 유형과 시제 매칭하기

》 기출 분석하기

1 [Int] 본인/건강한 사람들이 먹는 음식 종류/식습관 묘사 [현재]
키워드 kinds of food/eating habits, healthy, you/people

2 [Int] 동네의 건강 식품점/건강식품 구매 방법 묘사 [현재]
키워드 health food store/shop for, neighborhood, how you do/look like

3 [Int] 본인/지인이 건강을 위해 하는 일들 [현재]
키워드 things, someone you know, something you do, stay healthy

4 [Adv] 건강 유지를 위해 무언가를 배웠던/노력했던 계기/경험 [과거]
키워드 learned, found out/did something new, eat/become healthier, growing up

5 [Adv] 건강을 위해 했던 구체적인 활동 경험 [과거]
키워드 specific incident/particular activity, improve, being health

6 [Adv] 식사 관련하여 기억에 남는 경험 [과거]
키워드 memorable, story/experience, happened, plan for a meal/eating

7 [Adv] [14-Adv] 건강에 대한 인식의 과거와 현재의 변화 [과거-현재] [시사]
키워드 ideas/different views, health/fitness, good shape, changed/generation

---

8 14-Adv **식품 구매 방법의 과거와 현재의 변화** 시사

키워드 food shopping, changed, 20 years

9 15-Adv **식품 오염/건강 관련 사건/뉴스** 시사

키워드 recent event/news, food, contaminated, bacteria, health issues, happened

1 [Int] 본인/건강한 사람들이 먹는 음식 종류/식습관 묘사 [현재]

키워드 kinds of food/eating habits, healthy, you/people

>> **답변 방향과 소재 키워드**

1. **바쁜 현대인들의 식습관**
   don't have time, cook for themselves, eat out, order delivery

2. **채소와 과일 섭취**
   vegetables and fruits, nutritious, essential vitamins

3. **고단백 식품 섭취**
   high-protein food, rich in, healthy protein

4. **충분한 물 섭취**
   plenty of water, beneficial, maintain, proper hydration levels

>> **모범답변 분석**　　　　　　　　　　　　　　　　　　🎧 UNIT 15_01.mp3

바쁜 현대인들의 식습관	❶ I think a lot of people try to eat healthy these days. ❷ Busy people don't have much time to cook for themselves. ❸ So, they tend to eat out or order delivery more often these days. ❹ Personally, I also try to eat healthy every day.
채소와 과일 섭취	❺ I try to eat vegetables and fruits as often as I can. ❻ They are very nutritious, and they contain a lot of essential vitamins. ❼ My favorite vegetables are tomatoes and potatoes. ❽ I also like cucumbers and onions because of that nice crunch. ❾ My favorite fruits are apples and bananas. ❿ So, I normally get them whenever I get groceries.
고단백 식품 섭취	⓫ I also try to eat high-protein food as much as I can. ⓬ I especially like to have beans, tofu, and eggs, and I think I eat them almost every day to stay healthy. ⓭ They are very rich in healthy protein, you know.
충분한 물 섭취	⓮ Also, I try to drink a lot of water. ⓯ Drinking plenty of water is beneficial for your health. ⓰ It helps maintain proper hydration levels in your body.
마무리 일단락	⓱ So, these are the things I/people eat to maintain good health.

❶ 요즘 많은 사람들이 건강한 식습관을 유지하려고 노력하는 것 같습니다. ❷ 바쁜 현대인들은 직접 요리할 시간이 많지 않죠. ❸ 그래서 요즘엔 외식하거나 배달 주문을 하는 경향이 있어요. ❹ 저도 개인적으로 매일 건강한 식사를 하려고 노력합니다. ❺ 저는 가능한 많이 채소와 과일을 먹으려고 노력해요. ❻ 이들은 매우 영양이 풍부하고 필수 비타민이 많이 들어있어요. ❼ 제가 가장 좋아하는 채소는 토마토와 감자입니다. ❽ 또한 오이와 양파도 그 아삭한 식감 때문에 좋아해요. ❾ 제가 가장 좋아하는 과일은 사과와 바나나예요. ❿ 그래서 보통 장을 볼 때 항상 사 오곤 해요. ⓫ 저는 가능한 많이 고단백 식품을 먹으려고도 노력해요. ⓬ 특히 건강을 유지하려고 콩, 두부, 계란을 거의 매일 먹으려고 노력하고 있어요. ⓭ 건강한 단백질이 풍부하거든요. ⓮ 또한 물을 많이 마시려고 노력합니다. ⓯ 물을 많이 마시는 것은 건강에 좋아요. ⓰ 몸의 적절한 수분 섭취를 돕거든요. ⓱ 그래서 이런 것들이 제가/사람들이 건강을 유지하기 위해 먹는 것들이에요.

2

Int 동네의 건강 식품점/건강식품 구매 방법 묘사 현재

키워드 health food store/shop for, neighborhood, how you do/look like

8

14-Adv 식품 구매 방법의 과거와 현재의 변화 시사

키워드 food shopping, changed, 20 years

» 답변 방향과 소재 키워드

1. **동네의 식품점과 과거의 쇼핑 방식**
   going to physical stores

2. **현재의 쇼핑 트렌드와 구매 방법**
   online shopping, becoming the norm, convenient, scroll and click, quick payments, home delivery, time-saver, a few taps

» 모범답변 분석 → 범용성 최상 답변(p11 학습 전략 참고)　　　　🎧 UNIT 15_02.mp3

동네 식품점과 과거의 쇼핑 방식	❶ Well, there's a big supermarket near my home, but I don't get groceries there that often. ❷ You know, the way people shop has changed a lot over the years. ❸ Back in the day, going to physical stores was a typical way to go for shopping.
현재의 쇼핑 트렌드와 구매 방법	❹ But now, online shopping has taken over, and it's becoming the norm. ❺ And why not? It's convenient in many ways. ❻ There's no need to step out when you can just scroll and click from your computer or phone. ❼ Plus, quick payments and home delivery are definitely a time-saver. ❽ The online world offers so many options and killer deals. ❾ From tech gadgets, clothes, and books to groceries, people get them online.
마무리 일단락	❿ So, basically, they are all ordered with a few taps. ⓫ It's just how people shop these days whenever they need something.

❶ 저희 집 근처에 큰 슈퍼마켓이 있긴 한데 거기서 장을 자주 보진 않습니다. ❷ 알다시피 물건 구매 방법이 그동안 많이 변했잖아요. ❸ 과거에는 실제 상점을 방문하는 것이 쇼핑의 주된 방법이었죠. ❹ 하지만 요즘은 온라인 쇼핑이 대세로 자리 잡고 있습니다. ❺ 그럴만한 이유가 많죠. 여러 면에서 편리합니다. ❻ 컴퓨터나 핸드폰으로 스크롤하고 클릭만으로 물건을 구입할 수 있어서 집을 나가지 않아도 돼요. ❼ 게다가 빠른 결제와 배송은 시간 절약에 큰 도움이 됩니다. ❽ 온라인 세계에서는 다양한 선택지와 굉장한 할인도 있어요. ❾ 테크 제품 부터 옷, 책, 그리고 식료품까지 모든 것이 온라인으로 구매되는 시대입니다. ❿ 그래서 기본적으로 간단한 탭만으로 모든 걸 주문합니다. ⓫ 이게 요즘 사람들이 물건이 필요할 때 쇼핑하는 방식이에요.

3 [Int] 본인/지인이 건강을 위해 하는 일들 [현재]

키워드 things, someone you know, something you do, stay healthy

>> 답변 방향과 소재 키워드

1. 건강을 위한 운동
go to the gym, take a stroll, going hiking, biking, take yoga classes

2. 건강을 위한 식습관
eat right, keep my meals balanced, try not to stuff myself, eat too late, cut back on junk food

3. 건강을 위한 위생 관리
COVID-19, personal hygiene, wash my hands, wear a mask, use hand sanitizer

>> 모범답변 분석 ↝→ 범용성 최상 답변(p11 학습 전략 참고)   🎧 UNIT 15_03.mp3

건강을 위한 운동	① I do a bunch of stuff to stay healthy. ② First off, I try to go to the gym or take a stroll around my neighborhood at least once a week. ③ I love going hiking or biking too. ④ Oh, and I'm also into yoga, so I take yoga classes every other day.
건강을 위한 식습관	⑤ Besides that, I make sure I eat right and keep my meals balanced. ⑥ I try not to stuff myself or eat too late, and I'm trying to cut back on junk food like fast food.
건강을 위한 위생 관리	⑦ And you know, ever since the whole COVID-19 thing, I've been more on it with personal hygiene. ⑧ Even though things have calmed down, I still make sure to wash my hands properly. ⑨ I also wear a mask when I feel like I might be coming down with a cold. ⑩ And yeah, I use hand sanitizer whenever I need to.
마무리 일단락	⑪ So, that's pretty much how I keep myself in check.

① 저는 건강을 유지하기 위해 여러 가지를 실천합니다. ② 먼저, 매주 한 번은 헬스장에 가거나 동네를 산책합니다. ③ 등산이나 자전거 타는 것도 좋아해요. ④ 오, 그리고 요가에도 관심이 있어서, 격일에 한 번 요가 수업을 갑니다. ⑤ 그 외에도 올바른 식습관을 유지하고 균형 잡힌 식사를 챙기려고 노력합니다. ⑥ 과식이나 늦은 식사를 피하고, 패스트푸드 같은 안 좋은 음식은 줄이려고 합니다. ⑦ 그리고 아시다시피, 코로나19 사태 이후 개인위생에 더 신경을 쓰고 있습니다. ⑧ 상황이 진정되었더라도 손을 제대로 씻는 것을 항상 신경 씁니다. ⑨ 또한 감기 기운이 있을 때는 마스크를 착용합니다. ⑩ 그리고 필요할 때마다 손 소독제도 사용해요. ⑪ 네, 그래서 이런 식으로 건강을 관리하고 있습니다.

4 **Adv** 건강 유지를 위해 무언가를 배웠던/노력했던 계기/경험 과거

키워드 learned, found out/did something new, eat/become healthier, growing up

>> 답변 방향과 소재 키워드

1. **어렸을 때 배운 식습관**
   my parents, health-conscious, nutritious, balanced meals, insisting on, daily, encouraged, regularly

2. **배운 식습관으로 현재도 스스로 유지**
   kept up, eating healthy, reduce consumption, unhealthy foods, fast food, instant food

>> 모범답변 분석

🎧 UNIT 15_04.mp3

어렸을 때 배운 식습관	❶ When I was younger, my parents were quite health-conscious. ❷ They made sure I ate nutritious foods every day and helped me maintain balanced meals. ❸ I remember my mom insisting on vegetables and fruits daily, and she also encouraged drinking milk or soy milk regularly.
배운 식습관으로 현재도 스스로 유지	❹ As a result, I've kept up with eating healthy. ❺ I also make an effort to reduce my consumption of unhealthy foods like fast food and instant food. ❻ I suppose I owe my knowledge of healthy eating to my parents.

❶ 제가 어렸을 때, 부모님께서 건강을 꽤 중요하게 생각하셨습니다. ❷ 매일 영양가 있는 음식을 먹도록 도와주시고 균형 잡힌 식사를 유지하도록 도와주었어요. ❸ 엄마는 매일 채소와 과일을 먹게 하려 하셨고, 우유나 두유도 꾸준히 마시도록 권장해 주셨어요. ❹ 그래서 저도 지금은 건강한 식습관을 유지하려고 노력하고 있습니다. ❺ 또한 패스트푸드나 인스턴트 음식 같은 건강하지 않은 음식을 섭취하는 것을 줄이려고 노력하고 있어요. ❻ 아마도 건강한 식습관에 대해서는 저희 부모님께서 가르쳐 주셨던 것 같습니다.

Adv 건강을 위해 했던 구체적인 활동 경험 과거

키워드 specific incident/particular activity, improve, being healthy

>> 답변 방향과 소재 키워드

1. 건강을 위한 운동
go to the gym, take a stroll, going hiking, biking, take yoga classes

2. 건강을 위한 식습관
ate right, kept my meals balanced, tried not to stuff myself, eat too late, cut back on junk food

3. 건강을 위한 위생 관리
COVID-19, personal hygiene, wash my hands, wore a mask, use hand sanitizer

>> 모범답변 분석 ⇢ 범용성 최상 답변(p11 학습 전략 참고)　　　　　　　　🎧 UNIT 15_05.mp3

건강을 위한 운동	❶ I did a bunch of stuff to stay healthy. ❷ First off, I tried to go to the gym or take a stroll around my neighborhood at least once a week. ❸ I loved going hiking or biking too. ❹ Oh, and I was also into yoga, so I took yoga classes every other day.
건강을 위한 식습관	❺ Besides that, I made sure I ate right and kept my meals balanced. ❻ I tried not to stuff myself or eat too late, and I was trying to cut back on junk food like fast food.
건강을 위한 위생 관리	❼ And you know, ever since the whole COVID-19 thing, I had been more vigilant about personal hygiene. ❽ Even though things had calmed down, I still made sure to wash my hands properly. ❾ I also wore a mask when I felt like I might be coming down with a cold. ❿ And yeah, I used hand sanitizer whenever I needed to.
마무리 일단락	⓫ So, that was pretty much how I kept myself in check.

❶ 저는 건강을 유지하기 위해 여러 가지를 실천했습니다. ❷ 먼저, 매주 한 번은 헬스장에 가거나 동네를 산책했습니다. ❸ 등산이나 자전거 타는 것도 좋아했어요. ❹ 오, 그리고 요가에도 관심이 있어서, 격일에 한 번 요가 수업을 다녔습니다. ❺ 그 외에도 올바른 식습관을 유지하고 균형 잡힌 식사를 챙겼습니다. ❻ 과식이나 늦은 식사를 피하고, 패스트푸드 같은 안 좋은 음식은 줄이려고 노력했습니다. ❼ 그리고 아시다시피, 코로나19 사태 이후 개인위생에 더 신경을 썼습니다. ❽ 상황이 진정되었더라도 손을 제대로 씻는 것을 항상 신경 썼어요. ❾ 또한 감기 기운이 있을 때는 마스크를 착용했습니다. ❿ 그리고 필요할 때마다 손 소독제도 사용했어요. ⓫ 네, 그래서 이런 식으로 건강을 관리했습니다.

6 **식사 관련하여 기억에 남는 경험** 과거

키워드 memorable, story/experience, happened, plan for a meal

》 답변 방향과 소재 키워드

1. 식사 후 아파서 힘들었던 경험

ate too much, couldn't stop, loading up, felt sick, hurt, regretted, threw up, slight fever

2. 아픈 증상을 해결한 방법

pharmacy, told the pharmacist, symptoms, took some medicine, uncomfortable, lie still

》 모범답변 분석

UNIT 15_06.mp3

식사 후 아파서 힘들었던 경험	❶ One time, I ate way too much at one of my go-to restaurants.
	❷ I saw all the food and couldn't stop myself from loading up my plate.
	❸ But after a few bites, I felt really sick.
	❹ My stomach hurt so badly, and I regretted eating so much.
	❺ I spent the whole night feeling terrible.
	❻ I almost threw up, and I also had a slight fever.
아픈 증상을 해결한 방법	❼ So, the next day, I went to the pharmacy and told the pharmacist about my symptoms.
	❽ Then, I came back home and took some medicine.
	❾ It helped a bit, but I still felt uncomfortable.
	❿ I was in so much pain that I had to lie still and couldn't do anything.
	⓫ If you've ever been sick yourself, you'll know exactly what I'm talking about.
아팠던 경험 이후로 주의	⓬ Yeah, so, I promised myself I'd be more careful next time I eat something.

❶ 한 번, 제가 자주 가는 음식점 중 한 곳에서 너무 많이 먹은 적이 있습니다. ❷ 음식이 다 너무 맛있게 보여서, 접시에 계속 담았죠. ❸ 그런데 몇 입 먹고 나니까 몸이 안 좋아졌어요. ❹ 배가 너무 아파서, 많이 먹은 걸 후회했어요. ❺ 하룻밤을 불편하게 보냈습니다. ❻ 거의 토할 뻔했고, 약간 열도 났어요. ❼ 그래서 다음 날, 약국에 가서 증상을 약사에게 말했습니다. ❽ 그런 다음, 집에 와서 약을 먹었어요. ❾ 조금은 도움이 됐지만, 여전히 불편했어요. ❿ 너무 괴로워서 가만히 누워 있을 수밖에 없었어요. ⓫ 만약 이렇게 아픈 적이 있다면, 제가 무슨 말을 하는지 이해하실 거예요. ⓬ 그래서 다음에 무언가 먹을 때는 더 조심하기로 다짐했습니다.

7

Adv 14-Adv 건강에 대한 인식의 과거와 현재의 변화 과거~현재 시사

키워드 ideas/different views, health/fitness, good shape, changed/generation

>> 답변 방향과 소재 키워드

1. COVID-19의 여파로 건강에 대한 인식 변화

change, people's view, risky, significant impact, reduce face-to-face meetings, avoiding crowded places, shut down, social distancing

2. 종식된 현재의 일상 회복

behind us, regulations, have been dropped, returned to normal, valuable lessons

>> 모범답변 분석 ~~> 범용성 최상 답변(p11 학습 전략 참고)   🎧 UNIT 15_07.mp3

COVID-19의 여파로 건강에 대한 인식 변화	❶ I think there's been a significant change in people's view of health since the beginning of the COVID-19 pandemic. ❷ Over the past few years, venturing outside has been quite risky due to COVID-19, you know. ❸ It made a significant impact on our daily routines. ❹ We had to reduce face-to-face meetings, and avoiding crowded places became the norm. ❺ Actually, when new cases surged, businesses were forced to shut down. ❻ Plus, masks and social distancing became part of our daily routine.
종식된 현재의 일상 회복	❼ Thankfully, it seems like the pandemic is finally behind us. ❽ Most of the restrictions and social distancing regulations have been dropped. ❾ So, no more mandatory masks in public, you know. ❿ All in all, things have pretty much returned to normal. ⓫ I believe COVID-19 has taught us valuable lessons that we should keep in mind.

❶ 코로나 팬데믹이 시작된 이후로 사람들의 건강에 대한 견해에 큰 변화가 생긴 것 같습니다. ❷ 지난 몇 년 동안은, 코로나로 인해 외출하는 것이 상당한 리스크가 되었거든요. ❸ 그것은 우리의 일상생활에 상당한 영향을 미쳤습니다. ❹ 우리는 대면 접촉을 최소화해야 했고, 혼잡한 장소를 피해야 하는 것이 일상이 되었습니다. ❺ 실제로 새로운 확진자가 급증할 때는 사업장들이 휴업해야 했습니다. ❻ 또한, 마스크 착용과 사회적 거리 두기가 일상이 되었습니다. ❼ 다행히도, 이제 팬데믹이 끝났다는 느낌이 듭니다. ❽ 대부분의 제한 조치와 사회적 거리 두기 규정이 해제되었습니다. ❾ 그래서 더 이상 공공장소에서 의무적으로 마스크를 착용할 필요가 없게 되었죠. ❿ 대체로 모든 것이 거의 정상으로 돌아온 것 같습니다. ⓫ 코로나가 우리에게 기억해야 할 소중한 교훈을 가르쳐주었다고 생각합니다.

9 15-Adv 식품 오염/건강 관련 사건/뉴스 시사

키워드 recent event/news, food, contaminated, bacteria, health issues, happened

>> 답변 방향과 소재 키워드

1. COVID-19 유행 시절 음식점 단체 감염 뉴스
   peak, COVID-19 pandemic, getting infected, spread through food, avoided eating out

2. 종식되었지만 COVID-19가 남긴 큰 여파
   officially over, huge mark, tremendous impact

3. COVID-19와 더불어 사는 단계
   endemic phase, use self-test kits, don't have to self-quarantine, consider like the flu

4. COVID-19 종식 이후 우리 사회가 가져야 하는 태도
   stay vigilant

>> 모범답변 분석 →⌇→ 범용성 최상 답변(p11 학습 전략 참고)   🎧 UNIT 15_08.mp3

COVID-19 유행 시절 음식점 단체 감염 뉴스	❶ I remember watching news reports during the peak of the COVID-19 pandemic about a group of people getting infected at a restaurant. ❷ The virus spread through food, causing widespread impact. ❸ So, people avoided eating out for a while afterward.
종식되었지만 COVID-19가 남긴 큰 여파	❹ The COVID-19 pandemic is officially over. ❺ But it left a huge mark on our lives, you know. ❻ It wasn't that long ago that the coronavirus had a tremendous impact on our lives.
COVID-19와 더불어 사는 단계	❼ As of today, the total number of cases in Korea is roughly 35 million, which is way more than half of the population. ❽ During the surge in the number of patients, many restrictions were put in place. ❾ And eventually, the pandemic entered an endemic phase. ❿ Now, people are also using self-test kits at home to see if they are infected. ⓫ Even if people test positive, they don't have to self-quarantine anymore. ⓬ People now consider COVID-19 almost like the flu.
COVID-19 종식 이후 우리 사회가 가져야 하는 태도	⓭ However, we are concerned that there may be some bumps along the way, so I think it is good for us to stay vigilant.

❶ 저는 코로나19 팬데믹이 한창일 때 음식점에서 감염된 사람들을 다룬 뉴스를 본 적이 있습니다. ❷ 바이러스가 음식을 통해 전파되었고, 이로 인해 큰 파급력이 있었습니다. ❸ 그래서 사람들은 그 이후 한동안 외식을 피했습니다. ❹ 코로나19 대유행은 공식적으로 종식됐습니다. ❺ 하지만 우리 삶에는 큰 흔적을 남겼죠. ❻ 얼마 전까지만 해도 코로나 바이러스가 우리 삶에 큰 영향을 미쳤었습니다. ❼ 지금까지 한국의 총 확진자 수는 약 3천5백만 명으로, 인구의 절반이 넘는 수치입니다. ❽ 환자 수가 급증하면서 많은 제한 조치가 시행되었습니다. ❾ 그리고 결국 대유행은 만성적인 단계로 들어섰어요. ❿ 지금은 사람들이 집에서 자가진단키트를 사용해 감염 여부를 확인하기도 해요. ⓫ 양성 반응이 나와도 더 이상 자가격리를 하지 않아도 되는 거죠. ⓬ 사람들은 이제 코로나19를 거의 감기처럼 여기고 있습니다. ⓭ 하지만 앞으로도 여전히 문제가 될 수 있는 부분이 있을 것 같아요. 그래서 우리가 계속 경계를 하는 것이 바람직하다고 생각합니다.

UNIT
16 Internet and Phone (Technology)
인터넷과 전화기(기술)

음원 듣기

1 출제 유형 학습

STEP 1. 한국어로 주제별 실제 기출 정확히 파악해 두기

STEP 2. 영어 키워드 미리 알아두기

STEP 3. 키워드만으로 질문 유형과 시제 매칭하기

≫ 기출 분석하기

1 [Int] 가장 좋아하는 웹사이트/동영상/휴대전화 기능 묘사 [현재]
키워드 favorite website/ kinds of videos, best thing, about your phone

2 [Int] 본인이 인터넷/휴대전화로 하는 일들 [현재]
키워드 kinds of things, you do, on the Internet/over the phone

3 [Int] 주변 사람들이 인터넷으로 하는 일들 [현재]
키워드 people, friends, family, usually use, do online

4 [Int] 친구들과 전화 통화로 이야기하는 주제들 [현재]
키워드 kinds of things, your friends, talk about, on the phone

5 [Adv] 인터넷에서 기억에 남는 게시물을 본 경험 [과거]
키워드 memorable thing, you saw, on the Internet

6 [Adv] 인터넷으로 프로젝트를 했던 경험 [과거]
키워드 research, project, worked on, on the Internet

7 [Adv] 기억에 남는 전화 통화 경험 [과거]
키워드 memorable, phone conversation, happened

⑧ Adv 휴대전화/특정 기술 문제 발생 경험 과거

키워드 problems, your phone/technology, solve

⑨ Adv 14-Adv 인터넷/전화기/특정 기술의 과거와 현재의 변화 과거–현재 시사

키워드 first experience/first phone/technology, surfing the Internet, different, changed

⑩ 15-Adv 연령별 인터넷 이용 특징의 차이 시사

키워드 Internet use, vary, different ages

⑪ 15-Adv 인터넷/휴대전화 관련 사회적인 우려나 문제점 시사

키워드 concerns, problems, cell phones/Internet, safety, security, issues, communication skills, young people

1

[Int] 가장 좋아하는 웹사이트/동영상/휴대전화 기능 묘사 [현재]

키워드 favorite website/kinds of videos, best thing, about your phone

>> 답변 방향과 소재 키워드

1. 가장 좋아하는 동영상 시청 웹사이트
favorite websites, Netflix

2. 과거와 다른 현재 영상 시청 방식의 차이
television, at home, mobile phones, during travel, whenever, don't have to wait, a specific time

3. 현재의 다양한 영상 시청 플랫폼
VOD services, YouTube, memberships, Netflix

>> 모범답변 분석 ∼→ 범용성 최상 답변(p11 학습 전략 참고)   🎧 UNIT 16_01.mp3

가장 좋아하는 동영상 시청 웹사이트	❶ One of my favorite websites would have to be Netflix.
과거와 다른 현재 영상 시청 방식의 차이	❷ In the past, (I/people) used to watch television at home. ❸ However, nowadays, (I/people) typically watch visual content on (my/their) mobile phone(s). ❹ (I/They) carry (my/their) phone(s) with (me/them) everywhere, allowing (me/them) to watch content wherever (I am/they are). ❺ The most common times for watching are often during travel, such as on the subway or bus. ❻ Also, (I/people) engage in watching videos while working out. ❼ Moreover, (I/they) turn to visual content whenever (I am/they are) bored. ❽ Unlike the past, you don't have to wait for a specific time to catch your favorite shows.
현재의 다양한 영상 시청 플랫폼	❾ Now, with VOD services, you can watch whatever you want, whenever you want. ❿ YouTube is like the go-to spot for sharing videos. ⓫ (I/People) subscribe to channels (I/they) like and get updates. ⓬ (I/People) also sign up for memberships on services like Netflix, where (I/they) can binge-watch all kinds of shows and movies.
마무리 일단락	⓭ So, yeah, the way (I/people) watch stuff has changed a lot over the years.

❶ 제가 가장 좋아하는 웹사이트는 넷플릭스라고 말할 수 있습니다. ❷ 과거에는 (나는/사람들이) 집에서 텔레비전을 보곤 했죠. ❸ 그러나 요즘에는 (나는/사람들은) 주로 휴대전화로 영상 콘텐츠를 시청합니다. ❹ 휴대전화는 항상 가지고 다니기 때문에 어디에서든 콘텐츠를 시청할 수 있습니다. ❺ 주로 지하철이나 버스와 같은 이동 중에 시청하는 것이 가장 흔한 시간입니다. ❻ 또한, (나는/사람들은) 운동 중에 영상을 시청하기도 합니다. ❼ 그리고, 무료할 때도 영상들을 시청합니다. ❽ 과거와는 달리 이제는 특정 시간에 특정 프로그램을 기다릴 필요가 없습니다. ❾ VOD 서비스를 통해 언제든지 원하는 것을 시청할 수 있습니다. ❿ 특히 YouTube는 영상 공유의 대표적인 플랫폼입니다. ⓫ 사용자들은 자신이 좋아하는 채널을 구독하고 업데이트를 받습니다. ⓬ 또한, Netflix와 같은 서비스의 멤버십에 가입하여 다양한 종류의 프로그램과 영화를 마음껏 즐기기도 합니다. ⓭ 그래서, 네, (내가/사람들이) 영상을 시청하는 방식이 시간이 지남에 따라 많이 변했죠.

2 Int 본인이 인터넷/휴대전화로 하는 일들 현재

키워드 kinds of things, you do, on the Internet/over the phone

>> 답변 방향과 소재 키워드

1. 휴대전화 사용으로 편리해진 음악 듣기
a bunch of stuff, listen to music, smartphone, most often, everywhere, wherever

2. 스트리밍 서비스의 장점
convenient, useful, thousands of songs, easy searching, own playlists, sound quality

3. 블루투스 기기의 장점
game-changer, wireless, hassle-free

>> 모범답변 분석 ─→ 범용성 최상 답변(p11 학습 전략 참고)   🎧 UNIT 16_02.mp3

휴대전화 사용으로 편리해진 음악 듣기	① I actually do a bunch of stuff online with my phone. ② Among them, I think I listen to music on my smartphone most often. ③ Since I carry my phone everywhere, it allows me to listen to music wherever I go.
스트리밍 서비스의 장점	④ I'm all about those streaming sites for my music fix. ⑤ They're convenient and useful in many ways. ⑥ You have thousands of songs at your fingertips, easy searching, and the real kicker is that you can create your own playlists. ⑦ These platforms utilize algorithms to suggest similar songs for your playlists. ⑧ Notably, sound quality has improved a lot.
블루투스 기기의 장점	⑨ Also, both cell phones and computers have Bluetooth. ⑩ That means you can hook them up to Bluetooth earphones or speakers. ⑪ Those gadgets are everywhere these days, and they're a game-changer. ⑫ No cords to mess with, and it's all wireless and hassle-free. ⑬ Personally, I got AirPods as a birthday gift and haven't looked back.
마무리 일단락	⑭ So, there it is. ⑮ This is how I listen to music these days.

❶ 저는 실제로 제 휴대전화로 온라인에서 많은 것들을 합니다. ❷ 그들 중 저는 주로 휴대전화를 통해 음악을 즐깁니다. ❸ 항상 휴대전화를 가지고 다니기 때문에 어디서든 음악을 듣게 됩니다. ❹ 음악을 즐기기 위해서는 스트리밍 서비스를 이용합니다. ❺ 이 서비스들은 다양한 면에서 편리하고 유용합니다. ❻ 수천 개의 곡을 손쉽게 찾아 들을 수 있고, 자신만의 플레이리스트를 만들 수 있다는 것이 큰 장점입니다. ❼ 이러한 플랫폼은 알고리즘을 활용하여 유사한 곡을 플레이리스트에 제안하기도 합니다. ❽ 특히 음질도 많이 향상되었습니다. ❾ 뿐만 아니라 휴대전화와 컴퓨터는 블루투스를 지원합니다. ❿ 이것은 블루투스 이어폰이나 스피커에 연결할 수 있음을 의미합니다. ⓫ 이러한 기기들이 요즘에는 어디서나 사용되며 혁신적인 역할을 하고 있습니다. ⓬ 별도의 선을 다룰 필요가 없으며, 모든 것이 무선으로 간편합니다. ⓭ 저는 생일 선물로 에어팟을 받아 사용 중이고, 만족하고 있습니다. ⓮ 네, 상황이 이렇습니다. ⓯ 이것이 저의 음악 감상 방법입니다.

3 Int 주변 사람들이 인터넷으로 하는 일들 현재

키워드 people, friends, family, usually use, do online

>> 답변 방향과 소재 키워드

1. **사람들이 인터넷으로 자주 하는 온라인 쇼핑**
   do online shopping, these days
2. **과거의 쇼핑 방식**
   going to, physical stores
3. **현재의 쇼핑 방식**
   online shopping, becoming the norm, convenient, scroll and click, quick payments, home delivery, time-saver, a few taps

>> 모범답변 분석 → 범용성 최상 답변(p11 학습 전략 참고)

UNIT 16_03.mp3

사람들이 인터넷으로 자주 하는 온라인 쇼핑	❶ I think people do a lot of online shopping on their cell phones these days.
과거의 쇼핑 방식	❷ Back in the day, going to physical stores was a typical way to go for shopping.
현재의 쇼핑 방식	❸ But now, online shopping has taken over and it's becoming the norm. ❹ And why not? It's convenient in many ways. ❺ There's no need to step out when you can just scroll and click from your computer or phone. ❻ Quick payments and home delivery are definitely a time-saver. ❼ Plus, the online world offers so many options and killer deals. ❽ From tech gadgets, clothes, and books to groceries, people get them online.
마무리 일단락	❾ So, basically, they are all ordered with a few taps. ❿ It's just how people shop these days whenever they need something.

❶ 요즘 사람들이 휴대전화로 온라인 쇼핑을 자주 하는 것 같습니다. ❷ 과거에는 실제 상점을 방문하는 게 쇼핑의 주된 방법이었죠. ❸ 하지만 요즘은 온라인 쇼핑이 대세로 자리 잡고 있어요. ❹ 그럴만한 이유가 많죠. 여러 면에서 편리합니다. ❺ 컴퓨터나 휴대전화로 스크롤하고 클릭만으로 물건을 구입할 수 있어서 집을 나가지 않아도 돼요. ❻ 빠른 결제와 배송은 시간 절약에 큰 도움이 됩니다. ❼ 게다가 온라인 세계에서는 다양한 선택지와 굉장한 할인도 있어요. ❽ 테크 제품부터 옷, 책, 그리고 식료품까지 모든 것이 온라인으로 구매되는 시대입니다. ❾ 그래서 기본적으로 간단한 탭만으로 모든 걸 주문할 수 있어요. ❿ 요즘 사람들이 물건이 필요할 때 선택하는 방식이에요.

4 [Int] 친구들과 전화 통화로 이야기하는 주제들 [현재]

키워드 kinds of things, your friends, talk about, on the phone

>> 답변 방향과 소재 키워드

1. **통화로 종종 거론되는 COVID-19 시절**
   over the phone, still talk about, COVID-19 pandemic

2. **종식되었지만 COVID-19가 남긴 큰 여파**
   officially over, huge mark, tremendous impact

3. **COVID-19와 더불어 사는 단계**
   endemic phase, using self-test kits, don't have to self-quarantine, consider like the flu

4. **COVID-19 종식 이후 우리 사회가 가져야 하는 태도**
   stay vigilant

>> 모범답변 분석 ⟶ 범용성 최상 답변(p11 학습 전략 참고)   🎧 UNIT 16_04.mp3

통화로 종종 거론되는 COVID-19 시절	❶ When I talk with my friends over the phone, I still talk about the COVID-19 pandemic from time to time.
종식되었지만 COVID-19가 남긴 여파	❷ The COVID-19 pandemic is officially over. ❸ But it left a huge mark on our lives, you know. ❹ It wasn't that long ago that the coronavirus had a tremendous impact on our lives.
COVID-19와 더불어 사는 단계	❺ As of today, the total number of cases in Korea is roughly 30 million, which is way more than half of the population. ❻ During the surge in the number of patients, many restrictions were put in place. ❼ And eventually, the pandemic entered an endemic phase. ❽ Now, people are also using self-test kits at home to see if they are infected. ❾ Even if people test positive, they don't have to self-quarantine anymore. ❿ People now consider COVID-19 almost like the flu.
COVID-19 종식 이후 우리 사회가 가져야 하는 태도	⓫ However, we are concerned that there may be some bumps along the way, so I think it is good for us to stay vigilant.

❶ 친구들과 전화 통화를 할 때 아직도 가끔 코로나 시절에 대해 이야기를 나눕니다. ❷ 코로나19 대유행은 공식적으로 종식됐습니다. ❸ 하지만 우리 삶에는 큰 흔적을 남겼죠. ❹ 얼마 전까지만 해도 코로나바이러스가 우리 삶에 큰 영향을 미쳤습니다. ❺ 지금까지 한국의 총 확진자 수는 약 3천만 명으로, 인구의 절반이 넘는 수치입니다. ❻ 환자 수가 급증하면서 많은 제한 조치가 시행되었습니다. ❼ 그리고 결국 대유행은 만성적인 단계로 들어섰어요. ❽ 지금은 사람들이 집에서 자가진단키트를 사용해서 감염 여부를 확인하기도 해요. ❾ 양성 반응이 나와도 더 이상 자가격리를 하지 않아도 되는 거죠. ❿ 사람들은 이제 코로나19를 거의 감기처럼 여기고 있습니다. ⓫ 하지만 앞으로도 여전히 문제가 될 수 있는 부분이 있을 것 같아요. 그래서 우리가 계속 경계를 하는 것이 바람직하다고 생각합니다.

5 [Adv] 인터넷에서 기억에 남는 게시물을 본 경험 [과거]

키워드 memorable thing, you saw, on the Internet

11 [15-Adv] 인터넷/휴대전화 관련 사회적인 우려나 문제점 [시사]

키워드 concerns, problems, cell phones/the Internet, safety, security, issues, communication skills, young people

>> 답변 방향과 소재 키워드

1. **젊은이들의 인터넷과 스마트폰 사용 중독 문제**
   growing discussion, addiction, among young people

2. **스마트폰 중독의 다양한 부작용**
   negative impacts, sleep deprivation, social relationship problems, academic performance decline

3. **중독에 대한 해결책**
   limit, usage time, digital detoxes, activities with family or friends, reducing screen time

>> 모범답변 분석 ~> 범용성 최상 답변(p11 학습 전략 참고) 🎧 UNIT 16_05.mp3

젊은이들의 인터넷과 스마트폰 사용 중독 문제	❶ Well these days, there's a growing discussion about Internet and smartphone addiction among young people. ❷ And I remember watching the news about it a few months ago.
스마트폰 중독의 다양한 부작용	❸ Many young people can be observed constantly checking their phones and using social media. ❹ Such addiction can actually have negative impacts on daily life, leading to issues like sleep deprivation, social relationship problems, and academic performance decline.
중독에 대한 해결책	❺ To address this, I think it's important to limit smartphone usage time and engage in regular digital detoxes. ❻ Also, focusing on activities with family or friends and reducing screen time is crucial.
건강을 위한 스마트폰 사용 관리의 필요성	❼ So, I think raising awareness about this issue is necessary, encouraging healthy smartphone usage habits for people's health.

❶ 요즘에는 젊은이들 사이에서 인터넷과 스마트폰 중독에 대해 사회적으로 거론되고 있습니다. ❷ 몇 달 전에도 그것에 대한 뉴스를 보았던 기억이 나네요. ❸ 많은 젊은이들이 핸드폰을 끊임없이 확인하고 소셜 미디어를 사용하는 것을 관찰할 수 있어요. ❹ 이러한 중독은 실제로 수면 부족, 사회적 관계 문제, 그리고 학업 성적 저하와 같은 문제를 초래할 수 있습니다. ❺ 이를 해결하기 위해서는 제 생각에는 스마트폰 사용 시간을 제한하고 정기적인 디지털 디톡스를 하는 것이 중요하다고 생각합니다. ❻ 또한, 가족이나 친구와의 활동에 집중하고 화면 시간을 줄이는 것도 중요하죠. ❼ 그래서 제 생각에는 이 문제에 대한 인식을 높이는 것이 필요하고 사람들의 건강을 위한 올바른 스마트폰 사용 습관을 장려해야 한다고 생각합니다.

6 Adv 인터넷으로 프로젝트를 했던 경험 과거

키워드 research, project, worked on, on the Internet

7 Adv 기억에 남는 전화 통화 경험 과거

키워드 memorable, phone conversation, happened

8 Adv 휴대전화/특정 기술 문제 발생 경험 과거

키워드 problems, your phone/technology, solve

>> 답변 방향과 소재 키워드

1. **휴대전화 배터리가 나가서 불편했던 경험**
   ran out of battery, inconvenient, charged it up properly

2. **귀가 후 충전과 추후 방전에 대비**
   charged, charger, battery pack

3. **배터리 지속력의 아쉬움**
   lasted longer

>> 모범답변 분석 ⟶ 범용성 최상 답변(p11 학습 전략 참고)   🎧 UNIT 16_06.mp3

휴대전화 배터리가 나가서 불편했던 경험	❶ I've actually had several problems with my phone over the years. ❷ I remember once, a few years ago at work, I had to (write a report for a project/talk about something with one of my friends over the phone). ❸ However, while I was doing that, my phone died because it ran out of battery. ❹ I had to (do some online searches/discuss a lot of things over the phone), but obviously, I couldn't. ❺ It was very inconvenient, and I wish I had charged it up properly beforehand.
귀가 후 충전과 추후 방전에 대비	❻ I eventually arrived home and charged the phone. ❼ Now, I sometimes carry around my charger or a battery pack. ❽ It's a bit of a hassle, but you gotta do what you gotta do.
배터리 지속력의 아쉬움	❾ I wish phone batteries lasted longer.

❶ 살면서 휴대전화에 몇 가지 문제가 있었습니다. ❷ 몇 년 전에는 (회사에서 프로젝트 보고서를 써야 했어요/친구와 무언가에 대해 논의하기 위해 통화를 해야 했어요). ❸ 그런데 그때 휴대전화 배터리가 다 떨어져서 꺼져버렸어요. ❹ (몇 가지 온라인 검색을/통화로 많은 것을 논의)해야 했지만, 당연히 할 수가 없었습니다. ❺ 정말 불편했고, 미리 충전해 두었더라면 좋았을 텐데라는 생각이 들었어요. ❻ 결국 집에 도착해서 휴대전화를 충전했어요. ❼ 요즘은 때때로 충전기나 배터리 팩을 가지고 다니기도 해요. ❽ 좀 번거로운데, 어쩔 수 없죠 뭐. ❾ 휴대전화 배터리가 좀 오래 갔으면 좋겠네요.

9

>> 답변 방향과 소재 키워드

1. 과거의 모바일 인터넷 특징
very slow, time-consuming

2. 현재의 발달된 모바일 인터넷 특징
advances, high-speed broadband, faster Internet connection, seamless, quick, Wi-Fi, unlimited data plans

>> 모범답변 분석

🎧 UNIT 16_07.mp3

과거의 모바일 인터넷 특징	❶ I think mobile Internet has changed a lot over the years. ❷ In the past, mobile Internet connection was very slow. ❸ It made things like streaming videos or downloading files time-consuming.
현재의 발달된 모바일 인터넷 특징	❹ With advances in technology and widespread use of high-speed broadband, the Internet landscape has changed significantly. ❺ These days, advancements in technology have led to amazingly faster Internet connection. ❻ It enables seamless streaming and quick file downloads. ❼ Plus, you can use Wi-Fi at almost all public places now. ❽ And since there are unlimited data plans now, you can surf the Internet as much as you want without worrying about the cost.
마무리 일단락	❾ So, I guess mobile Internet has become the norm.

❶ 저는 모바일 인터넷이 몇 년 동안 크게 변화했다고 생각합니다. ❷ 과거에는 모바일 인터넷 연결이 매우 느렸습니다. ❸ 이로 인해 동영상 스트리밍이나 파일 다운로드와 같은 작업은 시간이 오래 걸렸습니다. ❹ 그러나 기술의 발전과 고속 브로드밴드의 광범위한 사용으로 인터넷 환경이 크게 변화했습니다. ❺ 요즘에는 기술의 발전으로 인해 놀라울 정도로 빠른 인터넷 연결이 가능해졌죠. ❻ 이로써 동영상 스트리밍이 끊기지 않고 파일 다운로드가 빨라졌습니다. ❼ 또한, 이제 거의 모든 공공장소에서 Wi-Fi를 사용할 수 있습니다. ❽ 게다가, 무제한 데이터 요금제가 있기 때문에 비용 걱정 없이 원하는 만큼 인터넷을 사용할 수 있습니다. ❾ 그러므로, 모바일 인터넷이 이제는 트렌드가 되었다고 생각합니다.

15-Adv 연령별 인터넷 이용 특징의 차이 시사

키워드 Internet use, vary, different ages

>> 답변 방향과 소재 키워드

1. **젊은 세대의 인터넷 이용 특징**
   search engines, Google, quick, instant, social media platforms, Instagram, share

2. **노인 세대의 인터넷 이용 특징**
   traditional sources, books, written content

>> 모범답변 분석

UNIT 16_08.mp3

연령별 인터넷 이용 특징의 차이 존재	① When it comes to Internet use, there are some differences between the younger and the older generations.
젊은 세대의 인터넷 이용 특징	② Younger people often rely on search engines like Google for quick and instant answers to their questions. ③ Also, they often prefer social media platforms like Instagram where they can share photos and videos easily.
노인 세대의 인터넷 이용 특징	④ On the other hand, older generations may prefer more traditional sources of information such as books and newspapers. ⑤ When they surf the Internet, they tend to focus more on written content. ⑥ Also, they use their computers more frequently when they surf the Internet.
마무리 일단락	⑦ This is because computers have bigger screens than smartphones. ⑧ So, I think different age groups have their own preferences when it comes to using the Internet.

❶ 인터넷 이용에 있어서는, 젊은 세대와 노인 세대 사이에 몇 가지 차이가 있습니다. ❷ 젊은 사람들은 자주 구글과 같은 검색 엔진을 이용하여 빠르고 즉각적인 답변을 얻습니다. ❸ 또한, 사진과 동영상을 쉽게 공유할 수 있는 인스타그램과 같은 소셜 미디어 플랫폼을 선호하기도 합니다. ❹ 반면에, 노인 세대는 책이나 신문과 같은 전통적인 정보 출처를 선호하는 것 같습니다. ❺ 인터넷을 사용할 때, 그들은 주로 문서화된 콘텐츠에 관심을 두는 것 같습니다. ❻ 또한, 그들은 인터넷을 할 때 컴퓨터를 더 자주 사용합니다. ❼ 이는 컴퓨터가 스마트폰에 비해 더 큰 화면을 갖고 있기 때문이죠. ❽ 그래서, 연령대에 따라 인터넷을 사용하는 방법에 있어서 각자의 선호도가 있다고 생각합니다.

SECTION

2

비빈출 주제

UNIT 17 Free Time 자유시간

음원 듣기

1 출제 유형 학습

STEP 1. 한국어로 주제별 실제 기출 정확히 파악해 두기

STEP 2. 영어 키워드 미리 알아두기

STEP 3. 키워드만으로 질문 유형과 시제 매칭하기

》 기출 분석하기

1 [Int] 우리나라 사람들이 자유시간에 방문하는 장소 묘사 현재
키워드 places, people, your country, spend, locations

2 [Int] 우리나라 사람들이 자유시간에 하는 일 묘사 현재
키워드 people, your country, do, free time, activities

3 [Adv] 본인의 과거 자유시간과 현재 자유시간 변화 과거-현재
키워드 more, less, free time, now, past, changed

4 [Adv] 최근 자유시간 경험 과거
키워드 the last time, free time, happened

2 답변 소재 구축: 동일 답변 사용 가능한 문제 유형

1

[Int] 우리나라 사람들이 자유시간에 방문하는 장소 묘사 [현재]

키워드 places, people, your country, spend, locations

» 답변 방향과 소재 키워드

1. **산에서 즐기는 활동**
   hiking, camping, skiing, snowboarding
2. **강변 공원에서 즐기는 활동**
   bike, chill out, play sports, have a family picnic
3. **바닷가에서 즐기는 활동**
   surfing, swimming

» 모범답변 분석 → 범용성 최상 답변(p11 학습 전략 참고)   🎧 UNIT 17_01.mp3

다양한 활동을 즐기는 한국인	❶ I think Koreans love doing outdoor activities during their leisure time.
산에서 즐기는 활동	❷ With tons of mountains around, hiking and camping have become the go-to activities. ❸ Hiking is totally the norm now. ❹ And when winter rolls in, you'll find a lot of people go skiing or snowboarding at mountain resorts.
강변 공원에서 즐기는 활동	❺ Then there are these cool riverside parks where people bike, chill out, play sports, or just have a family picnic.
바닷가에서 즐기는 활동	❻ And due to the extensive coastline, some people head there for surfing or swimming.
마무리 일단락	❼ So, basically, Koreans are all about mixing it up with outdoor activities.

❶ 제 생각에 한국 사람들은 여가 시간에 야외 활동을 즐기는 것을 좋아하는 것 같습니다. ❷ 주변에 산이 많아서 등산이나 캠핑이 대표적인 야외 활동으로 자리 잡았죠. ❸ 등산은 이제 완전히 대세가 되었습니다. ❹ 그리고 겨울이면 산속 리조트에서 스키나 스노보드를 즐기는 사람들도 많습니다. ❺ 또한, 자전거를 타거나, 바람을 쐬거나, 스포츠를 즐기거나, 가족 소풍을 하는 멋진 강변 공원들이 있습니다. ❻ 그리고 넓은 해안선 덕분에 일부 사람들은 서핑이나 수영을 즐기러 가기도 합니다. ❼ 결국, 기본적으로 한국 사람들은 야외 활동을 다양하게 즐기는 것을 좋아합니다.

2 [Int] 우리나라 사람들이 자유시간에 하는 일 묘사 [현재]

키워드 people, your country, do, free time, activities

>> 답변 방향과 소재 키워드

1. **앞서 언급했다는 논리적 설명**
   covered most, earlier

2. **더 이상 첨언 할 내용이 없음**
   isn't much more I can say

>> 모범답변 분석 ⟿ 범용성 최상 답변(p11 학습 전략 참고)   🎧 UNIT 17_02.mp3

앞서 언급했다는 논리적 설명	❶ Well, it feels like I've pretty much covered most of the activities Koreans do earlier. ❷ After the pandemic ended, it seems like people here are even more into going out and enjoying outdoor activities.
더 이상 첨언 할 내용이 없음	❸ That's about all I know on this topic, I guess. ❹ So, there isn't much more I can say about it for now.

❶ 음, 우리나라 사람들이 하는 일들은 좀 전에 거의 다 언급을 한 것 같습니다. ❷ 대부분 코로나 종식 이후로 더욱 나가서 야외 활동을 즐기는 것을 좋아하는 것 같습니다. ❸ 제가 아는 사실은 이 정도입니다. ❹ 그래서 더 이상 이 주제에 대해 지금으로써는 할 말이 없습니다.

3 **Adv** 본인의 과거 자유시간과 현재 자유시간 변화 **과거→현재**

키워드 more, less, free time, now, past, changed

>> 답변 방향과 소재 키워드

1. 과거의 제한적인 자유시간 활동
weren't many activities available, go outside

2. 현재의 다양한 자유시간 활동
mobile apps, watch movies, play mobile games, do online shopping, wherever you are, saves time and hassle, real deal, hooked

>> 모범답변 분석

🎧 UNIT 17_03.mp3

과거에 비해 다양해진 자유시간 놀거리	① Well, I think the things I can enjoy in my free time have become better than when I was a kid. ② It's gone through a major glow-up when it comes to doing some activities, you know.
과거의 제한적인 자유시간 활동	③ Think about it, in the past, there weren't as many activities available to enjoy compared to now. ④ And if you wanted to do something fun, you had to go outside.
현재의 다양한 자유시간 활동	⑤ Now, you can enjoy tons of things simply by using mobile apps. ⑥ Thanks to those mobile apps, you can watch movies, play mobile games, and do online shopping wherever you are. ⑦ There are a few different types of apps to choose from, and you can even get access to the Internet when you are on the move. ⑧ So, it saves you tons of time and hassle. ⑨ These apps are the real deal now; everyone's hooked.
마무리 일단락	⑩ Overall, the things we can enjoy in our free time have undergone some decent upgrades over the years.

① 제가 어렸을 때보다 지금은 여가 시간에 즐길 수 있는 것들이 훨씬 더 풍부해진 것 같습니다. ② 여가 활동에 있어서 상당한 발전을 거쳤거든요. ③ 생각해 보면 과거에는 지금처럼 즐길 만한 다양한 활동이 많지 않았어요. ④ 그리고 재미있는 것을 찾으려면 밖으로 나가야 했습니다. ⑤ 하지만 요즘은 모바일 앱을 이용하면 간편하게 많은 즐길 거리를 즐길 수 있어요. ⑥ 모바일 앱 덕분에 영화를 보거나 모바일 게임을 하거나 온라인 쇼핑을 어디에서나 할 수 있습니다. ⑦ 다양한 종류의 앱을 선택할 수 있고, 이동 중에도 인터넷에 접속할 수 있어요. ⑧ 그래서 시간과 수고를 많이 아낄 수 있습니다. ⑨ 이제 모바일 앱이 진짜 대세라고 할 수 있고 모두가 좋아합니다. ⑩ 전반적으로, 여가 시간에 즐길 수 있는 것들이 지난 몇 년 동안 상당히 발전한 것 같습니다.

4 Adv 최근 자유시간 경험 과거

키워드 the last time, free time, happened

>> 답변 방향과 소재 키워드

1. **자유시간에 식당에서 가족 모임을 한 경험**
   family gathering, got together for lunch, barbecue restaurant

2. **인상 깊었던 식사 경험**
   solid place, was on point, immaculate, hit the spot, juicy, texture, impeccable, paired it all with some beer, enjoyable

>> 모범답변 분석 ⟶ 범용성 최상 답변(p11 학습 전략 참고)   🎧 UNIT 17_04.mp3

자유시간에 식당에서 가족 모임을 한 경험	❶ I remember having a family gathering a couple of days ago when I had some free time. ❷ We got together for lunch at a decent barbecue restaurant.
인상 깊었던 식사 경험	❸ It was this solid barbecue place that served beef and pork, and let me tell you, their meat was on point. ❹ When we arrived, we ordered some of their signature dishes. ❺ The main dish and the sides were immaculate. ❻ I mean, I was actually starving, and it hit the spot perfectly. ❼ The pork was so juicy, and the texture was just fantastic. ❽ The flavors and seasonings they used were impeccable. ❾ Oh, and we paired it all with some beer, which complemented the meal beautifully.
즐거웠던 식사	❿ Looking back, it was an enjoyable family gathering at a restaurant.

❶ 몇 일 전, 시간이 조금 여유로울 때 가족 모임을 가졌던 기억이 납니다. ❷ 저희는 점심때 꽤 괜찮은 고깃집에서 점심식사를 하기 위해 모였습니다. ❸ 그 식당은 소고기와 돼지고기를 파는 정말 괜찮은 고깃집이었는데, 그들의 고기는 정말 일품이었어요. ❹ 도착했을 때, 그들의 시그니처 메뉴를 주문했습니다. ❺ 주요 요리와 사이드 메뉴들이 정말 맛있었습니다. ❻ 제가 굉장히 배가 고팠는데 딱 맞는 음식이었어요. ❼ 돼지고기가 정말 촉촉하고 식감도 환상적이었습니다. ❽ 사용한 양념과 맛도 너무 완벽했죠. ❾ 아, 그리고 음식과 맥주를 함께 즐겼는데, 맥주와 음식이 아주 잘 어울렸어요. ❿ 돌이켜보면, 식당에서의 즐거운 가족 모임이었습니다.

UNIT
18 Family and Friend
가족과 친구

음원 듣기

1 출제 유형 학습

STEP 1. 한국어로 주제별 실제 기출 정확히 파악해 두기

STEP 2. 영어 키워드 미리 알아두기

STEP 3. 키워드만으로 질문 유형과 시제 매칭하기

≫ 기출 분석하기

1 [Int] 자주 보는 또는 방문하고 싶은 가족/친구 묘사 [현재]
키워드 friend, family, see often, like to visit

2 [Int] 가족/친구를 만나면 또는 방문하면 하는 일들 [현재]
키워드 you, get together, visit, friends, family, things, do

3 [Adv] 어렸을 때 가족/친구 방문 경험 [과거]
키워드 early memory, visited, friends, family

4 [Adv] 최근에 가족/친구와 했던 일 또는 방문 경험 [과거]
키워드 last time, got together, visited, friends, family, memorable

5 [14-Adv] 가족/친구 두 명 비교 [비교]
키워드 early memory, visited, friends, family

6 [15-Adv] 가족/친구와 주로 나누는 대화 주제 [시사]
키워드 last time, got together, visited, friends, family, memorable

1 [Int] 자주 보는 또는 방문하고 싶은 가족/친구 묘사 현재
키워드 friend, family, see often, like to visit

5 14-Adv 가족/친구 두 명 비교 비교
키워드 early memory, visited, friends, family

» 답변 방향과 소재 키워드

1. **부모님의 공통점**
   warm and nurturing, active, play golf, go on trips
2. **부모님의 다른 점**
   drinking, tastes in food, vegetable-based, meat-based

» 모범답변 분석 🎧 UNIT 18_01.mp3

부모님의 차이점과 공통점 존재	❶ Well, I'll talk about the similarities and differences between my parents.
부모님의 공통점	❷ One common thing between my parents is that they are both very warm and nurturing. ❸ They also like to have family gatherings. ❹ Also, both of my parents are quite active, so they like to do outdoor activities. ❺ They like to play golf or go on trips.
부모님의 차이점	❻ On the other hand, they are different in some ways. ❼ For example, my dad likes drinking, but my mom doesn't. ❽ My parents also have different tastes in food. ❾ My mom prefers a vegetable-based diet, while my dad likes a meat-based diet.
비슷하면서도 다른 점이 있는 부모님	❿ So, my parents have some similarities, but they are totally different in some aspects.

❶ 부모님의 공통점과 차이점에 대해 이야기해 보겠습니다. ❷ 저희 부모님은 둘 다 아주 가정적이신 공통점이 있습니다. ❸ 두 분은 또한 가족 모임을 좋아하십니다. ❹ 또한, 두 분 모두 활동적이시고 야외 활동을 좋아하십니다. ❺ 골프나 여행을 즐기십니다. ❻ 하지만 어떤 면에서는 다르십니다. ❼ 예를 들어, 아버지는 술을 좋아하시지만 어머니는 안 하시는 편이에요. ❽ 음식 취향도 다릅니다. ❾ 어머니는 채소 위주의 식단을 선호하시고, 아버지는 고기 위주의 식단을 좋아하십니다. ❿ 그래서 저희 부모님은 몇 가지 점에서는 비슷하지만 어떤 면에서는 완전히 다릅니다.

2 [Int] 가족/친구를 만나면 또는 방문하면 하는 일들 [현재]

키워드 you, get together, visit, friends, family, things, do

≫ 답변 방향과 소재 키워드

1. **산에서 즐기는 활동**
   hiking, camping, skiing, snowboarding
2. **강변 공원에서 즐기는 활동**
   bike, chill out, play sports, have a family picnic
3. **바닷가에서 즐기는 활동**
   surfing, swimming

≫ 모범답변 분석 ⟶ 범용성 최상 답변(p11 학습 전략 참고)　🎧 UNIT 18_02.mp3

가족들과 다양한 활동을 즐김	❶ I like doing outdoor activities when I get together with my friends or family.
산에서 즐기는 활동	❷ With tons of mountains around, hiking and camping have become the go-to activities. ❸ Hiking is totally the norm now. ❹ And when winter rolls in, I can go skiing or snowboarding at mountain resorts.
강변 공원에서 즐기는 활동	❺ Then there are these cool riverside parks where people bike, chill out, play sports, or just have a family picnic.
바닷가에서 즐기는 활동	❻ And due to the extensive coastline, I sometimes go there for surfing or swimming.
마무리 일단락	❼ So, basically, I like doing outdoor activities when I hang out with my friends or family.

❶ 저는 가족이나 친구를 만나면 야외 활동을 하는 것을 좋아합니다. ❷ 주변에 산이 많아서 등산이나 캠핑이 대표적인 야외 활동으로 자리 잡았죠. ❸ 등산은 이제 완전히 대세가 되었습니다. ❹ 그리고 겨울이면 산속 리조트에서 스키나 스노보드를 즐기러 가기도 합니다. ❺ 또한, 자전거를 타거나, 바람을 쐬거나, 스포츠를 즐기거나, 가족 소풍을 하는 멋진 강변 공원들이 있습니다. ❻ 그리고 넓은 해안선 덕분에 저는 서핑이나 수영을 즐기러 가기도 합니다. ❼ 결국, 저는 가족이나 친구들을 만나서 놀 때면 야외 활동을 즐기는 것을 좋아합니다.

Adv 어렸을 때 가족/친구 방문 경험 과거

키워드 early memory, visited, friends, family

>> 답변 방향과 소재 키워드

1. **식당에서 가족 모임 경험**
   family gathering, got together for lunch, barbecue restaurant

2. **인상 깊었던 식사 경험**
   solid place, was on point, immaculate, hit the spot, juicy, texture, impeccable, paired it all with some soda, enjoyable

>> 모범답변 분석 ↝ 범용성 최상 답변(p11 학습 전략 참고)   🎧 UNIT 18_03.mp3

어렸을 때라 가물가물한 기억	❶ Actually, I don't remember what I did in my childhood that well. ❷ You know, it was a long time ago, so my memory is a bit fuzzy. ❸ But there's one thing I still remember quite clearly.
식당에서 가족 모임 경험	❹ I remember having a family gathering when I was a kid. ❺ We got together for lunch at a decent barbecue restaurant.
인상 깊었던 식사 경험	❻ It was this solid barbecue place that served beef and pork, and let me tell you, their meat was on point. ❼ When we arrived, we ordered some of their signature dishes. ❽ The main dish and the sides were immaculate. ❾ I mean, I was actually starving, and it hit the spot perfectly. ❿ The pork was so juicy, and the texture was just fantastic. ⓫ The flavors and seasonings they used were impeccable. ⓬ Oh, and we paired it all with some soda, which complemented the meal beautifully. ⓭ Looking back, it was an enjoyable family gathering at a restaurant.

❶ 사실 어릴 적에 내가 무엇을 했는지는 그렇게 잘 기억이 안 납니다. ❷ 오래 전의 일이라 기억이 좀 희미하거든요. ❸ 하지만 한 가지는 여전히 분명하게 기억나는 것이 있습니다. ❹ 어렸을 때 가족 모임을 가졌던 기억이 납니다. ❺ 그날 저희는 점심때 꽤 괜찮은 고깃집에서 점심식사를 하기 위해 모였습니다. ❻ 그 식당은 소고기와 돼지고기를 파는 정말 괜찮은 고깃집이었는데, 그들의 고기는 정말 일품이었어요. ❼ 도착했을 때, 그들의 시그니처 메뉴를 주문했습니다. ❽ 주요리와 사이드 메뉴들이 정말 맛있었습니다. ❾ 제가 굉장히 배가 고팠는데 딱 맞는 음식이었어요. ❿ 돼지고기가 정말 촉촉하고 식감도 환상적이었습니다. ⓫ 사용한 양념과 맛도 너무 완벽했죠. ⓬ 아, 그리고 음식과 탄산음료를 함께 즐겼는데, 음료와 음식이 아주 잘 어울렸어요. ⓭ 돌이켜보면, 식당에서의 즐거운 가족 모임이었습니다.

4 Adv 최근에 가족/친구와 했던 일 또는 방문 경험 과거

키워드 last time, got together, visited, friends, family, memorable

>> 답변 방향과 소재 키워드

1. **시청한 영화의 화제성**
   starred, got a lot of spotlight, hot topic, Netflix hit

2. **영화의 특징과 좋았던 이유**
   creative storyline, big twists, well-made, acting, chemistry, original soundtracks

>> 모범답변 분석 ⟶ 범용성 최상 답변(p11 학습 전략 참고)   🎧 UNIT 18_04.mp3

친구와 재미있게 본 영화 언급	❶ I remember watching the Netflix series *Squid Game* at my friend's place.
시청한 영화의 화제성	❷ The series starred one of my favorite actors, Lee Jung Jae. ❸ I remember watching the news about him on TV. ❹ It got a lot of spotlight from the media, and it was a hot topic for a while. ❺ In fact, it was a Netflix hit in many countries around the world as well.
영화의 특징과 좋았던 이유	❻ Personally, I think the series had a creative storyline. ❼ There were also some big twists at the end. ❽ And I think the series was a bit brutal overall, but very well-made. ❾ And the series was packed with thrilling scenes. ❿ I also liked the acting and the chemistry among the actors. ⓫ I think the original soundtracks added excitement throughout the entire series.
인상 깊었던 영화 중 하나	⓬ Overall, it was very entertaining, and I think it was a killer series. ⓭ I guess it was one of the most memorable drama series in my life.

❶ 저는 친구 집에서 넷플릭스 시리즈 '오징어 게임'를 봤던 기억이 납니다. ❷ 영화에는 제가 좋아하는 배우 이정재가 출연했어요. ❸ 그의 소식을 TV에서 보기도 했죠. ❹ 미디어에서 크게 화제가 되었고 한동안 엄청난 관심을 받았던 것 같아요. ❺ 실제로 세계 여러 나라에서 넷플릭스 히트작이 되기도 했죠. ❻ 개인적으로 그 영화는 독창적인 스토리를 가졌다고 생각합니다. ❼ 결말에 큰 반전도 있었죠. ❽ 그리고 전반적으로 영화는 조금 잔인하기는 했지만, 매우 훌륭하게 만들어진 작품이었어요. ❾ 그리고 매우 긴장감 넘치는 장면들로 가득 찼습니다. ❿ 배우들의 연기와 그들끼리의 호흡도 좋았어요. ⓫ 영화 속 오리지널 사운드트랙도 영화 전반에 흥미를 더했던 것 같아요. ⓬ 전반적으로 매우 재밌고 정말 대박인 영화였습니다. ⓭ 제 삶에서 가장 기억에 남는 드라마 시리즈 중 하나가 아닐까 합니다.

6 **15-Adv** 가족/친구와 주로 나누는 대화 주제 시사

키워드 last time, got together, visited, friends, family, memorable

>> 답변 방향과 소재 키워드

1. **종식되었지만 COVID-19가 남긴 큰 여파**
   officially over, huge mark, tremendous impact

2. **COVID-19와 더불어 사는 단계**
   endemic phase, use self-test kits, don't have to self-quarantine, consider like the flu

3. **COVID-19 종식 이후 우리 사회가 가져야 하는 태도**
   stay vigilant

>> 모범답변 분석 ─→ 범용성 최상 답변(p11 학습 전략 참고)   🎧 UNIT 18_05.mp3

종식되었지만 COVID-19가 남긴 큰 여파	❶ When I get together with my family or friends, we still talk about the COVID-19 pandemic. ❷ The COVID-19 pandemic is officially over. ❸ But it left a huge mark on our lives, you know. ❹ It wasn't that long ago that the coronavirus had a tremendous impact on our lives.
COVID-19와 더불어 사는 단계	❺ As of today, the total number of cases in Korea is roughly 30 million, which is way more than half of the population. ❻ During the surge in the number of patients, many restrictions were put in place. ❼ And eventually, the pandemic entered an endemic phase. ❽ Now, people are also using self-test kits at home to see if they are infected. ❾ Even if people test positive, they don't have to self-quarantine anymore. ❿ People now consider COVID-19 almost like the flu.
COVID-19 종식 이후 우리 사회가 가져야 하는 태도	⓫ However, we are concerned that there may be some bumps along the way, so I think it is good for us to stay vigilant.

❶ 가족이나 친구들과 모이면 아직은 코로나19에 대해 이야기를 나눕니다. ❷ 코로나19 대유행은 공식적으로 종식됐습니다. ❸ 하지만 우리 삶에는 큰 흔적을 남겼죠. ❹ 얼마 전까지만 해도 코로나바이러스가 우리 삶에 큰 영향을 미쳤었습니다. ❺ 지금까지 한국의 총 확진자 수는 약 3천만 명으로, 인구의 절반이 넘는 수치입니다. ❻ 환자 수가 급증하면서 많은 제한 조치가 시행되었습니다. ❼ 그리고 결국 대유행은 만성적인 단계로 들어섰어요. ❽ 지금은 사람들이 집에서 자가진단키트를 사용해서 감염 여부를 확인하기도 해요. ❾ 양성 반응이 나와도 더 이상 자가격리를 하지 않아도 되는 거죠. ❿ 사람들은 이제 코로나19를 거의 감기처럼 여기고 있습니다. ⓫ 하지만 앞으로도 여전히 문제가 될 수 있는 부분이 있을 것 같아요. 그래서 우리가 계속 경계를 하는 것이 바람직하다고 생각합니다.

UNIT
19 Hotel 호텔

음원 듣기

1 출제 유형 학습

STEP 1. 한국어로 주제별 실제 기출 정확히 파악해 두기

STEP 2. 영어 키워드 미리 알아두기

STEP 3. 키워드만으로 질문 유형과 시제 매칭하기

≫ 기출 분석하기

1 [Int] 우리나라의 호텔 묘사 [현재]
키워드 hotels, your country

2 [Int] 본인이 호텔에 가면 하는 일들 묘사 [현재]
키워드 you, typically do, go to a hotel

3 [Adv] 기억에 남는 호텔 경험 [과거]
키워드 memories, hotel, you, remember

4 [Adv] 최근에 갔던 호텔 투숙 경험 [과거]
키워드 the last time, whole story, hotel stay

1 [Int] **우리나라의 호텔 묘사** [현재]

키워드 hotels, your country

>> 답변 방향과 소재 키워드

1. **우리나라 호텔의 장소적 특징**
   a lot of, prime areas, strolling around, get crowded
2. **우리나라 호텔의 구체적 특징**
   fancy, luxurious, five-star, chains, killer room views, shoot up

>> 모범답변 분석

🎧 UNIT 19_01.mp3

우리나라 호텔의 장소적 특징	❶ Like many other countries, there are quite a lot of hotels in Korea, especially in prime areas where there are loads of people strolling around. ❷ They tend to get pretty crowded during the weekends.
우리나라 호텔의 구체적 특징	❸ You'll find some fancy ones that are pretty big in size. ❹ With hundreds of luxurious rooms, most of them are five-star hotels. ❺ And they've got chains all over the world. ❻ Plus, at those sweet vacation spots, you've got a mix of sizes with killer room views. ❼ But the prices shoot up during those peak times.
마무리 일단락	❽ So, that's pretty much what I know about typical hotels in Korea.

❶ 여느 나라들처럼 한국에도 많은 호텔이 있습니다. 특히 많은 사람들이 다니는 주요 지역에 많이 위치하고 있죠. ❷ 주말에 꽤 붐비는 경향이 있습니다. ❸ 큰 규모의 화려하고 멋진 호텔도 있습니다. ❹ 수백 개의 고급 객실을 가진 5성급 호텔이 대부분이죠. ❺ 그리고 이들은 전 세계에 많은 지점을 두고 있습니다. ❻ 그리고 좋은 휴양지에는 다양한 크기의 호텔이 있어서 객실에서 멋진 경치를 볼 수 있어요. ❼ 하지만 성수기에는 가격이 높아집니다. ❽ 이것이 한국의 전형적인 호텔에 관해 제가 아는 부분입니다.

2 [Int] **본인이 호텔에 가면 하는 일들 묘사** [현재]

키워드 you, typically do, go to a hotel

>> **답변 방향과 소재 키워드**

1. 호텔 로비에서 하는 일
check in, give them my name, credit card, get my room key, take the elevator

2. 방에 도착해서 하는 일
look around, check out, opening up the curtains, unpack my bags, changing into comfy clothes

>> **모범답변 분석**　　　　　　　　　　　　　　　　　　　　🎧 UNIT 19_02.mp3

호텔 로비에서 하는 일	❶ I usually stay in hotels when I go on vacation. ❷ So, when I get to a hotel, my first stop is the front desk to check in. ❸ If I've got a reservation, I give them my name and credit card, and in return, I get my room key. ❹ Then it's off to my room. ❺ I normally take the elevator to get there.
방에 도착해서 하는 일	❻ Once I'm in the room, I do a quick look around, you know, check out the bed, the bathroom, and the fridge. ❼ Oh, and I love opening up the curtains to catch a glimpse of the view outside. ❽ After that, it's time to unpack my bags and get everything settled. ❾ I hang my clothes in the closet, and the next move is usually changing into comfy clothes.
마무리 일단락	❿ Yeah, that's pretty much my routine when I get to a hotel.

❶ 저는 휴가 갈 때 주로 호텔을 이용합니다. ❷ 호텔에 도착하면 먼저 프런트 데스크에서 체크인하러 갑니다. ❸ 예약이 되어 있으면, 제 이름과 신용카드 정보를 말씀드리고 객실 열쇠를 받습니다. ❹ 그리고 제 방으로 향하죠. ❺ 보통 엘리베이터를 타고 방을 찾아가요. ❻ 방에 들어가면 한 번 둘러보고, 침대, 욕실, 그리고 냉장고도 확인합니다. ❼ 아, 그리고 커튼을 열어 밖의 경치도 한 번 구경하는 것을 아주 좋아합니다. ❽ 그다음에는 가방을 풀고 모든 것을 정리해요. ❾ 옷은 옷장에 걸고, 그다음은 편한 옷으로 갈아입는 게 보통이에요. ❿ 네, 이것이 제가 호텔에 가면 하는 일입니다.

Adv 기억에 남는 호텔 경험 과거

키워드 memories, hotel, you, remember

>> 답변 방향과 소재 키워드

1. **호텔 여행 배경**
   seaside hotel, one of the top, incredible view

2. **호텔에서 가장 인상 깊었던 식사 경험**
   solid spot, was on point, immaculate, hit the spot, juicy, texture, impeccable, paired it all with some wine

3. **즐거웠던 호텔 투숙 경험**
   delightful

>> 모범답변 분석 ⤳ 범용성 최상 답변(p11 학습 전략 참고)   🎧 UNIT 19_03.mp3

호텔 여행 배경	❶ I have this vivid memory of staying at a <u>seaside hotel</u> a few years back. ❷ It was hands down <u>one of the top</u> hotels in that area. ❸ The room had this <u>incredible view</u> that just blew me away.
호텔에서 가장 인상 깊었던 식사 경험	❹ The hotel's restaurant was another highlight. ❺ It was this <u>solid</u> Italian <u>spot</u>, and let me tell you, their pasta <u>was on point</u>. ❻ When we arrived, we ordered some of their signature dishes. ❼ The main dish and the sides were <u>immaculate</u>. ❽ I mean, I was actually starving, and it <u>hit the spot</u> perfectly. ❾ The steak in the pasta was so <u>juicy</u>, and the <u>texture</u> was just fantastic. ❿ The flavors and seasonings they used were <u>impeccable</u>. ⓫ Oh, and we <u>paired it all with some wine</u>, which complemented the meal beautifully.
즐거웠던 호텔 투숙 경험	⓬ Looking back, that hotel stay was such a <u>delightful</u> experience.

❶ 몇 년 전 해변가 호텔에 머물렀던 기억이 아주 선명합니다. ❷ 그 호텔은 분명 그 지역 최고의 호텔 중 한 곳이었어요. ❸ 객실에서 보이는 풍경이 정말 좋았습니다. ❹ 그 호텔 레스토랑도 꽤 인상적이었습니다. ❺ 거기 정말 괜찮은 이탈리안 식당이었는데, 그들의 파스타는 정말 일품이었어요. ❻ 도착했을 때, 그들의 시그니처 메뉴를 주문했습니다. ❼ 주요리와 사이드 메뉴들이 정말 맛있었습니다. ❽ 제가 굉장히 배가 고팠는데 딱 맞는 음식이었어요. ❾ 파스타 안의 스테이크는 정말 촉촉하고 식감도 환상적이었습니다. ❿ 사용한 양념과 맛도 너무 완벽했죠. ⓫ 아, 그리고 음식과 와인을 함께 즐겼는데, 와인이 음식과 아주 잘 어울렸어요. ⓬ 돌이켜보면, 그 호텔에서의 숙박은 정말 즐거운 경험이었습니다.

④ Adv **최근에 갔던 호텔 투숙 경험** 과거

키워드 the last time, whole story, hotel stay

≫ 답변 방향과 소재 키워드

1. 호텔 등을 비롯한 COVID-19로 인한 과거 일상의 여파
risky, significant impact, reduce face-to-face meetings, avoid packed places, shut down, social distancing

2. 종식된 현재의 일상 회복
behind us, regulations, have been dropped, returned to normal, valuable lessons, relieved

≫ 모범답변 분석 ⟶ 범용성 최상 답변(p11 학습 전략 참고)　　　　　　🎧 UNIT 19_04.mp3

호텔 등을 비롯한 COVID-19로 인한 과거 일상의 여파	**①** Well, I can barely recall a time when I stayed at a hotel for the past few years. **②** Over the past few years, venturing outside has been quite risky due to COVID-19, you know. **③** It made a significant impact on our daily routines. **④** We had to reduce face-to-face meetings, and avoiding packed places like hotels became the norm. **⑤** Actually, when new cases surged, businesses were forced to shut down. **⑥** Plus, masks and social distancing became part of our daily routine.
종식된 현재의 일상 회복	**⑦** Thankfully, it seems like the pandemic is finally behind us. **⑧** Most of the restrictions and social distancing regulations have been dropped. **⑨** So, no more mandatory masks in public, you know. **⑩** All in all, things have pretty much returned to normal. **⑪** I believe COVID-19 has taught us valuable lessons that we should keep in mind. **⑫** I'm just relieved that we can now enjoy hotel vacations again.

① 저는 최근 몇 년 동안만큼은 호텔을 다녀온 기억이 거의 없습니다. **②** 지난 몇 년 동안은, 코로나로 인해 외출하는 것이 상당한 리스크가 되었거든요. **③** 코로나는 우리의 일상생활에 상당한 영향을 미쳤습니다. **④** 우리는 대면 모임을 최소화해야 했고, 호텔과 같은 혼잡한 장소를 피해야 하는 것이 일상이 되었습니다. **⑤** 실제로 새로운 확진자가 급증할 때는 사업장들이 휴업해야 했습니다. **⑥** 또한 마스크 착용과 사회적 거리 두기가 일상이 되었습니다. **⑦** 다행히도, 이제 팬데믹이 끝났다는 느낌이 듭니다. **⑧** 대부분의 제한 조치와 사회적 거리 두기 규정이 해제되었습니다. **⑨** 더 이상 공공장소에서 의무적으로 마스크를 착용할 필요가 없게 되었죠. **⑩** 대체로 모든 것이 거의 정상으로 돌아온 것 같습니다. **⑪** 코로나가 우리에게 기억해야 할 소중한 교훈을 가르쳐주었다고 생각합니다. **⑫** 이제 다시 호텔 투숙을 즐길 수 있다는 것을 참 다행이라 생각합니다.

UNIT

20 Weather 날씨

응원 듣기

1 출제 유형 학습

STEP 1. 한국어로 주제별 실제 기출 정확히 파악해 두기

STEP 2. 영어 키워드 미리 알아두기

STEP 3. 키워드만으로 질문 유형과 시제 매칭하기

≫ 기출 분석하기

1 [Int] 본인 나라의 날씨와 계절 [현재]
키워드 weather, seasons, your country

2 [Int] 오늘 날씨 묘사 [현재]
키워드 weather, today, right now

3 [Adv] 본인 나라의 어렸을 때 날씨와 현재 날씨 변화 [과거-현재]
키워드 weather, your country, changed, child, today

4 [Adv] 극단적인 날씨를 겪어 본 경험 [과거]
키워드 severe weather, serious, problems

2 답변 소재 구축: 동일 답변 사용 가능한 문제 유형

1 [Int] 본인 나라의 날씨와 계절 [현재]

키워드 weather, seasons, your country

» 답변 방향과 소재 키워드

1. **봄/가을의 특징**
   pleasant, mild, outdoor activities
2. **여름의 특징**
   scorching, humidity, downpours
3. **겨울의 특징**
   bitterly cold, -10 degrees Celsius, snowfall, slippery

» 모범답변 분석   🎧 UNIT 20_01.mp3

봄/가을 특징	❶ Korea experiences four unique seasons: spring, summer, fall, and winter.
	❷ Spring and fall boast pleasant weather with mild temperatures, perfect for outdoor activities like hiking, picnics, and sports such as soccer, basketball, and tennis.
여름의 특징	❸ On the other hand, summer gets scorching hot with high humidity, causing lots of sweating and featuring a rainy season with heavy downpours.
겨울의 특징	❹ In winter, it's bitterly cold, often dropping to -10 degrees Celsius in the mornings.
	❺ To combat the chill, bundling up is a must when heading outside.
	❻ Winter also brings substantial snowfall, making surfaces slippery and demanding caution to prevent slipping.
마무리 일단락	❼ Once again, Korea has four distinct seasons.

❶ 한국은 봄, 여름, 가을 및 겨울과 같이 독특한 사계절을 경험합니다. ❷ 봄과 가을은 온화한 기온으로 즐거운 날씨를 자랑하며, 등산, 소풍 그리고 축구, 농구, 테니스처럼 스포츠와 같은 야외 활동에 이상적입니다. ❸ 그러나 여름은 무더운 날씨와 높은 습도로 인해 과도한 땀을 흘리며, 시원한 소나기가 내립니다. ❹ 겨울에는 아침에 종종 섭씨 영하 10도까지 내려가 급격히 추워집니다. ❺ 추위를 이기려면 외출 시 따뜻하게 입는 것이 필수입니다. ❻ 겨울에는 눈이 상당히 많이 내리며, 표면이 미끄러워 발이 미끄러지지 않도록 주의해야 합니다. ❼ 다시 한번, 한국은 뚜렷한 사계절이 있습니다.

2 **Int** 오늘 날씨 묘사 현재

키워드 weather, today, right now

>> 답변 방향과 소재 키워드

1. **현재 대한민국 날씨**
mid-winter, below zero, getting colder

2. **일기예보 내용**
temperatures will fall, clear up

>> 모범답변 분석
🎧 UNIT 20_02.mp3

현재 한국의 날씨	❶ Right now in Korea, it's mid-winter, and the temperature is quite cold. ❷ The temperature drops to below zero. ❸ Today's weather is sunny with clear skies, and it seems to be getting colder day by day. ❹ Late-winter is approaching, known for its freezing cold weather.
일기예보 내용	❺ The forecast says that temperatures will fall even lower next week. ❻ It's not going to snow this weekend. ❼ Instead, the skies will clear up this weekend.

❶ 지금 한국은 한겨울이며, 기온이 매우 춥습니다. ❷ 영하로 떨어지기도 합니다. ❸ 오늘 날씨는 화창하고 하늘은 맑으며, 날이 갈수록 더 추워지는 것 같아요. ❹ 늦겨울이 다가오는데, 얼어붙는 추운 날씨로 유명합니다. ❺ 일기예보에 따르면 다음 주에 온도가 더 낮아질 것으로 예상합니다. ❻ 이번 주말에는 눈이 오지 않을 겁니다. ❼ 대신에 주말에는 하늘이 맑아질 겁니다.

3 **Adv** 본인 나라의 어렸을 때 날씨와 현재 날씨 변화 `과거-현재`

키워드 weather, your country, changed, child, today

>> 답변 방향과 소재 키워드

1. **어렸을 때에 비해 훨씬 더워진 한국의 여름**
   cranking up, sweating buckets

2. **특히 더웠던 작년 여름**
   sizzler, portable fans, survive

>> 모범답변 분석

🎧 UNIT 20_03.mp3

어렸을 때에 비해 훨씬 더워진 한국의 여름	❶ Korea still rolls through four seasons, but summer's been cranking up the heat year after year. ❷ Compared to my childhood, it's way hotter now. ❸ Three years back, I remember sweating buckets because it was crazy hot. ❹ It caught us off guard. ❺ Some places hit a scorching 40 degrees Celsius during the day, and nights didn't cool down at all. ❻ That summer clinched the title for the hottest ever in Korea's history.
특히 더웠던 작년 여름	❼ And last year was another sizzler of a summer. ❽ Everyone was lugging around portable fans just to survive the heat. ❾ It's becoming a pattern, and each year's summer is turning up the temperature even more.

❶ 한국은 여전히 네 계절을 거쳐 가지만 여름이 매년 더 더워지고 있습니다. ❷ 제가 어렸을 때와 비교하면, 지금이 훨씬 더 덥습니다. ❸ 3년 전에 정말 땀을 뻘뻘 흘리게 되었는데, 미친 듯이 더웠습니다. ❹ 당황할 정도의 수준이었습니다. ❺ 어떤 곳은 낮에 40도까지 치솟아 찌는 듯이 더웠고 밤에도 열기가 식지 않았습니다. ❻ 그 여름이 한국 사상 가장 뜨거웠던 여름으로 기록되었습니다. ❼ 그리고 작년도 또 다른 역대급의 여름이었습니다. ❽ 모두가 더위를 이겨내기 위해 휴대용 선풍기를 들고 다녔습니다. ❾ 매번 그런 양상이 되어가고 있고, 매년 여름이 온도를 더 높여가고 있습니다.

Adv 극단적인 날씨를 겪어 본 경험 **과거**

키워드 severe weather, serious, problems

>> 답변 방향과 소재 키워드

1. **극심한 장마 경험**
   downpour, flooding, overflowing, submerging
2. **장마로 인한 다양한 피해**
   damage, casualties, injured, swept away

>> 모범답변 분석　　　　　　　　　　　　　　　　　　🎧 UNIT 20_04.mp3

한국에 매년 오는 장마	❶ During Korea's summer, there's an annual monsoon season.
극심한 장마 경험	❷ I recall seeing some news solely focused on this prolonged rain period. ❸ The downpour persisted relentlessly nationwide, leading to severe consequences. ❹ The excessive rain caused widespread flooding, with rivers overflowing their banks and various areas submerging underwater.
장마로 인한 다양한 피해	❺ The aftermath of these natural disasters resulted in substantial damage. ❻ Sadly, there were casualties as well, with some individuals injured or losing their lives. ❼ Additionally, some went missing after being swept away by the powerful currents. ❽ Recovering from all the devastation took a long time.
마무리 일단락	❾ So, this stands as my most recent encounter with severe weather conditions.

❶ 한국 여름에는 매년 장마철이 있습니다. ❷ 저는 계속 이어지는 장마에 관한 뉴스 보도를 기억합니다. ❸ 폭우가 전국적으로 끊임없이 이어져, 심각한 결과를 가져왔습니다. ❹ 과도한 비로 인해 강이 둑을 범람하고 여러 지역이 물에 잠겼습니다. ❺ 이 자연 재해의 여파는 상당한 피해를 가져왔습니다. ❻ 안타깝게도 사상자들도 있었는데, 몇몇 사람들이 다치거나 목숨을 잃었습니다. ❼ 더구나 강력한 해류에 휩쓸려 실종된 사람들도 있었습니다. ❽ 모든 파괴로부터 회복되는 데에는 매우 오랜 시간이 걸렸습니다. ❾ 그래서 이것이 최근 제가 가장 심각한 날씨 상황을 경험한 경우입니다.

UNIT 21 Fashion 패션

음원 듣기

1 출제 유형 학습

STEP 1. 한국어로 주제별 실제 기출 정확히 파악해 두기

STEP 2. 영어 키워드 미리 알아두기

STEP 3. 키워드만으로 질문 유형과 시제 매칭하기

≫ 기출 분석하기

1 Int 본인 나라 사람들의 패션 묘사 현재
키워드 clothes, people, wear, work, play, your country

2 Int 본인이 좋아하는 패션 묘사 현재
키워드 clothes, you, wear, fashion style, you like

3 Int 본인이 옷을 구매하러 갈 때 하는 일들 현재
키워드 usually do, shopping, new clothes, typical

4 Adv 어렸을 때 유행했던 패션과 현재 패션 변화 과거-현재
키워드 fashions, changing, younger, different, now

5 Adv 최근에 옷을 구매하러 갔던 경험이나 겪은 문제 과거
키워드 last time, bought, clothing, problems

1

[Int] **본인 나라 사람들의 패션 묘사** [현재]

키워드 clothes, people, wear, work, play, your country

>> **답변 방향과 소재 키워드**

1. **놀 때와 일할 때 다른 한국인의 패션 스타일**
   latest fashion trends, dress well, formal look, comfy, casual

2. **사계절에 따라 다른 한국인의 패션 스타일**
   four seasons, different outfits, fashionable

>> **모범답변 분석**   🎧 UNIT 21_01.mp3

놀 때와 일할 때 다른 한국인의 패션 스타일	① Koreans love keeping up with the latest fashion trends. ② They've got great style and usually dress really well. ③ When it's work time, it's all about the formal look. ④ But when they're chilling or hanging out with friends, it's all about comfy, casual clothes.
사계절에 따라 다른 한국인의 패션 스타일	⑤ Oh, and Korea's got four seasons, so fashion changes with the weather. ⑥ You'll see different outfits for spring, summer, fall, and winter. ⑦ Overall, I would say people here are super fashionable.

① 한국인들은 최신 패션 트렌드를 따르는 것을 좋아합니다. ② 그들의 스타일은 정말 멋지고 대체로 옷을 잘 입습니다. ③ 일할 때는 정장이 대세죠. ④ 그러나 친구들이랑 놀거나 쉴 때는 편한 캐주얼한 옷을 선호합니다. ⑤ 아, 그리고 한국은 사계절이 있습니다. 그래서 패션도 날씨에 따라 변합니다. ⑥ 봄, 여름, 가을, 겨울마다 옷 스타일이 달라집니다. ⑦ 전체적으로 말하자면, 여기 사람들의 패션은 엄청 멋집니다.

2 Int 본인이 좋아하는 패션 묘사 현재

키워드 clothes, you wear, fashion style, you like

>> 답변 방향과 소재 키워드

1. **전반적으로 어울리는 것을 착용**
   own style, looks good on me

2. **여름에 맞는 옷**
   light, breezy, brighter colors

3. **겨울에 맞는 옷**
   bundle up, warmer clothes, darker colors

4. **특별한 경우**
   dates, interviews, get the details

>> 모범답변 분석   🎧 UNIT 21_02.mp3

전반적으로 어울리는 것을 착용	❶ I just stick to my own style when it comes to fashion. ❷ If it looks good on me, I'm wearing it.
여름에 맞는 옷	❸ Gotta match the clothes to the weather though. ❹ Summer means light and breezy outfits because it's scorching hot and humid. ❺ I go for brighter colors in the summer too.
겨울에 맞는 옷	❻ But when winter hits and it's freezing, I gotta bundle up and go for warmer clothes. ❼ Darker colors seem to fit the vibe better in the cold.
특별한 경우	❽ I wouldn't call myself a fashion icon. ❾ But for special occasions like dates or interviews, I make sure to get the details right when I dress up.

❶ 패션에 관해서는 제 개인적인 스타일을 유지합니다. ❷ 제게 잘 어울리는 건 그냥 입는 편입니다. ❸ 다만 날씨에 맞춰 옷을 골라야 하죠. ❹ 여름에는 찌는 더위 때문에 가볍고 바람이 잘 통하는 옷을 고릅니다. ❺ 여름에는 또 밝은 색상을 좋아해요. ❻ 하지만 겨울에 추운 날씨면 옷을 껴입어 따뜻하게 입습니다. ❼ 추위에는 어두운 색감이 더 어울리는 것 같아요. ❽ 저를 패션 아이콘이라 하기엔 좀 부족한 것 같아요. ❾ 하지만 데이트나 면접과 같은 특별한 자리에는 옷을 고르는 데 세심하게 신경 써요.

3 [Int] **본인이 옷을 구매하러 갈 때 하는 일들** [현재]

키워드 usually do, shopping, new clothes, typical

>> 답변 방향과 소재 키워드

1. **쇼핑 가기 전에 준비하는 일**
   figure out, what, where, light, comfy

2. **쇼핑 가서 하는 일들**
   scoping out, window shopping, comparing prices, trying stuff on, whip out my card

>> 모범답변 분석   🎧 UNIT 21_03.mp3

쇼핑 가기 전에 준비하는 일	❶ When I'm planning to shop, I first figure out what I need and where to hit up. ❷ Gotta dress smart for the occasion though. ❸ So, I go light and comfy with my outfit, especially because I know I'll be doing a lot of walking.
쇼핑 가서 하는 일	❹ Once I'm at the mall, it's all about scoping out what's out there. ❺ I start with some window shopping, then dive into comparing prices and trying stuff on. ❻ When I finally spot something I wanna take home, I whip out my card.
마무리 일단락	❼ That's pretty much what I do when I go to shop for new clothes.

❶ 쇼핑을 계획할 때 먼저 필요한 것과 어디를 방문할지를 생각합니다. ❷ 상황에 맞는 옷을 입어야겠죠. ❸ 그래서 많이 걸어야 한다는 것을 알기에 가벼운 옷과 편한 신발을 신습니다. ❹ 쇼핑몰에 도착하면 무엇이 있는지 살펴봅니다. ❺ 아이쇼핑부터 시작해서 가격을 비교하고 옷을 입어봅니다. ❻ 마음에 드는 것을 찾으면 카드를 꺼내서 결제를 합니다. ❼ 새 옷을 사러 가면 대체로 이렇게 하고 있습니다.

4 [Adv] 어렸을 때 유행했던 패션과 현재 패션 변화 [과거→현재]

키워드 fashions, changing, younger, different, now

>> **답변 방향과 소재 키워드**

1. **과거의 촌스러웠던 패션**
   wasn't cool, old-school

2. **현재의 세련되어진 패션**
   slick, polished

3. **현재 좋아진 유행 접근성**
   fashion tips, the Internet, online shopping malls, fashion channels, TV, YouTube

>> **모범답변 분석**   🎧 UNIT 21_04.mp3

과거의 촌스러웠던 패션	❶ Back when I was a kid, fashion wasn't all that cool. ❷ People were rocking some pretty old-school outfits.
현재의 세련되어진 패션	❸ But things have changed big time! ❹ Nowadays, I feel like fashion has gotten way more slick and polished.
현재 좋아진 유행 접근성	❺ You can catch onto the latest trends easily, thanks to all those fashion tips flooding the Internet. ❻ Plus, there are thousands of online shopping malls where you can shop for trendy clothes. ❼ And there are those fashion channels everywhere on TV and YouTube. ❽ So, I reckon people in general have stepped up their fashion game.

❶ 제가 어렸을 때, (사람들의) 패션은 별로 멋진 것 같진 않았어요. ❷ 사람들이 조금 촌스러운 구식 옷을 입고 다녔죠. ❸ 하지만 지금은 정말 많이 변했어요! ❹ 요즘에는 패션이 훨씬 더 세련되고 다듬어진 느낌입니다. ❺ 인터넷에 가득한 패션 팁 덕분에 최신 트렌드를 쉽게 따라갈 수 있습니다. ❻ 게다가 수많은 온라인 쇼핑 몰에서도 트렌디한 옷을 쇼핑할 수 있어요. ❼ 그리고 TV나 유튜브에 패션 채널들이 정말 많이 있죠. ❽ 그래서 전반적으로 사람들이 패션에 더 신경을 쓰는 것 같아요.

Adv 최근에 옷을 구매하러 갔던 경험이나 겪은 문제 **과거**

키워드 last time, bought, clothing, problems

>> 답변 방향과 소재 키워드

1. **쇼핑 중 휴대전화 배터리가 나가서 불편했던 경험**
   phone died, frustrating, charged it up properly

2. **귀가 후 충전과 추후 방전에 대비**
   charged up, charger, battery pack, lasted longer

>> 모범답변 분석 ⟿ 범용성 최상 답변(p11 학습 전략 참고)   🎧 UNIT 21_05.mp3

쇼핑 중 휴대전화 배터리가 나가서 불편했던 경험	❶ I totally remember that time a few days back when my phone died while I was shopping. ❷ My phone runs out of battery quite often because I do a lot of stuff on my phone. ❸ It was frustrating when my phone died because I couldn't check messages or do any online searches for the clothes I wanted to buy. ❹ I wish I had charged it up properly beforehand.
귀가 후 충전과 추후 방전에 대비	❺ I got home eventually and charged up the phone. ❻ Now, I sometimes carry around my charger or a battery pack. ❼ It's a bit of a pain, but I gotta do what I gotta do. ❽ I wish phone batteries lasted longer though.

❶ 몇 일 전 쇼핑하러 갔을 때 휴대전화 배터리가 꺼졌던 적이 있습니다. ❷ 저는 휴대전화로 워낙 많은 것들을 하기 때문에 휴대전화 배터리가 자주 소진됩니다. ❸ 메시지를 확인하거나 사고 싶은 옷에 대해 온라인으로 검색을 못 해서 불편했어요. ❹ 충전을 제대로 해두지 않아서 정말 후회스러웠습니다. ❺ 집에 돌아와서 휴대전화를 충전을 했어요. ❻ 그래서 이제는 가끔 충전기나 보조 배터리를 가지고 다니기도 합니다. ❼ 좀 번거롭긴 하지만 할 수 없죠 뭐. ❽ 휴대전화 배터리가 좀 더 오래가면 좋겠다는 생각이 듭니다.

UNIT

22 Transportation
교통

음원 듣기

1 출제 유형 학습

STEP 1. 한국어로 주제별 실제 기출 정확히 파악해 두기

STEP 2. 영어 키워드 미리 알아두기

STEP 3. 키워드만으로 질문 유형과 시제 매칭하기

≫ 기출 분석하기

1 [Int] 본인 나라 사람들의 교통수단 묘사 [현재]
키워드 typically, get around, your country, transportation

2 [Int] 본인이 이용하는 교통수단 묘사 [현재]
키워드 transportation, you use, typical day, usually go

3 [Adv] 어렸을 때 교통과 현재 교통 변화 [과거-현재]
키워드 travel, child, different, people, get around

4 [Adv] 교통편 사용 중 문제를 겪어 본 경험 [과거]
키워드 problems, transportation, you faced

1

[Int] **본인 나라 사람들의 교통수단 묘사** [현재]

키워드 typically, get around, your country, transportation

>> 답변 방향과 소재 키워드

1. 한국의 일반적인 대중교통
well-organized, buses, subway, trains, planes

2. 한국의 자차 이용과 문제점
own cars, traffic gets bad, get stuck in jams, parking spots, shortage

>> 모범답변 분석

🎧 UNIT 22_01.mp3

한국의 일반적인 대중교통	❶ In Korea, people have a variety of ways to get around. ❷ Getting from place to place is pretty convenient thanks to the well-organized public transportation system. ❸ Daily routines usually involve hopping on buses or taking the subway. ❹ For longer journeys, trains or planes are common choices.
한국의 자차 이용과 문제점	❺ Also, many people drive their own cars. ❻ With the high number of vehicles, traffic can get pretty bad, especially during peak hours. ❼ It's common for people to get stuck in jams for quite a while. ❽ And finding parking spots is a headache since there's often a shortage.
마무리 일단락	❾ So, it's either public transportation or cruising in their own cars for most people navigating around.

❶ 한국에서는 사람들이 이동하는 방법이 다양합니다. ❷ 체계화된 대중교통 시스템 덕분에 장소 이동이 꽤나 편리해요. ❸ 일상에서의 이동은 주로 버스를 타거나 지하철을 이용합니다. ❹ 더 긴 이동이라면 기차나 비행기를 선택하는 경우가 많죠. ❺ 또한 많은 사람들이 자신의 차를 운전합니다. ❻ 차량이 많아서 특히 바쁜 시간대에 교통이 상당히 혼잡해지곤 해요. ❼ 교통 정체로 오랜 시간 막히는 일은 흔합니다. ❽ 게다가 주차 공간을 찾기도 어려운데, 주차 공간이 부족하기 때문이죠. ❾ 그래서, 대부분의 사람들이 이동할 때는 대중교통을 이용하거나 자신의 차를 이용합니다.

2 [Int] 본인이 이용하는 교통수단 묘사 [최신]

키워드 transportation, you use, typical day, usually go

≫ 답변 방향과 소재 키워드

1. **평소 이용하는 대중교통**
   subway, convenient, bus, cheapest

2. **바쁠 때 이용하는 대중교통**
   taxi, not wallet-friendly, taxi app

3. **자가용 운전**
   drive, freedom, wherever I need

≫ 모범답변 분석　🎧 UNIT 22_02.mp3

평소 이용하는 대중교통	❶ My go-to mode of transportation is usually the subway, especially for work. ❷ It's really convenient. ❸ Sometimes I take the bus too, depending on where I'm headed. ❹ It's one of the cheapest options for getting around.
바쁠 때 이용하는 대중교통	❺ If I'm in a hurry, I'll grab a taxi, but those fares aren't exactly wallet-friendly, so it's a rare choice for me. ❻ Lately, I've been using this taxi app called Kakao T. ❼ It's quite a breeze to snag a cab with that.
자가용 운전	❽ And I drive occasionally too. ❾ Having a car gives me the freedom to go wherever I need to.
마무리 일단락	❿ So, my moves basically involve public transportation or driving my car from one place to another.

❶ 제가 주로 이용하는 교통수단은 지하철입니다. 특히 출근할 때요. ❷ 정말 편리합니다. ❸ 때에 따라 버스를 타기도 하는데, 어디를 가느냐에 따라 다릅니다. ❹ 버스는 요금이 가장 저렴한 선택지 중 하나죠. ❺ 급한 일이 있을 때는 택시를 타기도 하지만, 택시 요금이 그리 저렴하지는 않아서 자주는 아니에요. ❻ 최근에는 카카오 T라는 택시 앱을 사용합니다. ❼ 그 앱으로 택시를 잡는 것은 참 편합니다. ❽ 가끔씩 운전도 해요. ❾ 차가 있으면 필요한 곳으로 자유롭게 이동할 수 있어서 좋습니다. ❿ 그래서 제 이동 수단은 주로 대중교통을 이용하거나 차를 타고 다니는 것입니다.

Adv 어렸을 때 교통과 현재 교통 변화 `과거-현재`

키워드 travel, child, different, people, get around

>> 답변 방향과 소재 키워드

1. **비행기 표 값의 변화**
   plane tickets, an arm and a leg, budget airlines, half the price
2. **택시 부르는 방법의 변화**
   taxi company, mobile apps, different types, saves, real deal, hooked

>> 모범답변 분석 → 범용성 최상 답변(p11 학습 전략 참고)   🎧 UNIT 22_03.mp3

어렸을 때에 비해 크게 발전한 교통	❶ Transportation has become way better than when I was a kid. ❷ It's gone through a major glow-up, you know.
비행기 표 값의 변화	❸ Think about it, plane tickets used to cost an arm and a leg back then. ❹ But now, thanks to budget airlines, they are a steal. ❺ Some flights are like half the price they used to be.
택시 부르는 방법의 변화	❻ And there was a time when we had to call a taxi company for a ride. ❼ Now, you can simply do that by using mobile apps. ❽ There are a few different types of cabs to choose from, and you even get to see how long until they pick you up. ❾ So, it saves you tons of time and hassle. ❿ These apps are the real deal now; everyone's hooked.
마무리 일단락	⓫ Overall, transportation has made some decent upgrades over the years.

❶ 제가 어렸을 때보다 교통수단이 많이 향상된 것 같습니다. ❷ 정말 엄청난 발전이 있었죠. ❸ 생각해 보면 과거에는 비행기 표값이 상당히 비싼 편이었어요. ❹ 하지만 이제는 저렴한 항공사 덕분에 가격이 훨씬 저렴해졌습니다. ❺ 예전의 절반 가격으로도 비행기를 탈 수 있어요. ❻ 또한 예전에는 택시를 탈 때 택시 회사에 전화를 걸었어야 했어요. ❼ 이제는 휴대폰 앱으로 간단하게 호출할 수 있습니다. ❽ 다양한 종류의 택시가 있어서 선택 폭도 넓고, 픽업까지 얼마나 걸릴지도 바로 확인할 수 있어요. ❾ 그래서 시간과 수고를 덜 수 있습니다. ❿ 이런 앱들이 요즘은 진짜 대세라고 할 수 있는데, 모든 사람들이 좋아하죠. ⓫ 전반적으로 교통수단이 꽤나 발전한 것 같습니다.

Adv 교통편 사용 중 문제를 겪어 본 경험 과거

키워드 problems, transportation, you faced

>> 답변 방향과 소재 키워드

1. **교통편 사용 중 휴대전화 배터리 방전으로 불편했던 경험**
   phone died, frustrating, charged it up properly

2. **사무실에 도착 후 충전과 추후 방전 대비**
   charged up, charger, battery pack, lasted longer

>> 모범답변 분석 ─↗ 범용성 최상 답변(p11 학습 전략 참고)   🎧 UNIT 22_04.mp3

교통편 사용 중 휴대전화 배터리 방전으로 불편했던 경험	❶ I remember when my phone died on my way to work a couple of days ago. ❷ I was stuck in traffic, and since I felt a bit bored, I wanted to watch some news clips on YouTube, but I couldn't. ❸ My phone runs out of battery quite often because I do a lot of stuff on my phone when I move around. ❹ It was frustrating when my phone died and I wish I had charged it up properly beforehand.
사무실에 도착 후 충전과 추후 방전 대비	❺ I got to my office eventually and charged up the phone. ❻ Now, I sometimes lug around my charger or a battery pack. ❼ It's a bit of a pain, but I gotta do what I gotta do. ❽ I wish phone batteries lasted longer though.

❶ 몇 일 전 출근길에 휴대전화 배터리가 꺼졌던 적이 있습니다. ❷ 차가 막혀 좀 지루해서 유튜브로 뉴스 영상을 보려고 했는데 못 봤죠. ❸ 저는 이동 중에 휴대전화로 워낙 많은 것들을 하기 때문에 휴대전화 배터리가 자주 소진됩니다. ❹ 불편했고 충전을 제대로 해두지 않아서 정말 후회스러웠습니다. ❺ 사무실에 와서 휴대전화를 충전을 했어요. ❻ 그래서 이제는 가끔 충전기나 보조 배터리를 가지고 다니기도 합니다. ❼ 좀 번거롭긴 하지만 할 수 없죠 뭐. ❽ 휴대전화 배터리가 좀 더 오래가면 좋겠다는 생각이 듭니다.

UNIT 23 Bank 은행

응원 듣기

1 출제 유형 학습

STEP 1. 한국어로 주제별 실제 기출 정확히 파악해 두기

STEP 2. 영어 키워드 미리 알아두기

STEP 3. 키워드만으로 질문 유형과 시제 매칭하기

≫ 기출 분석하기

1 [Int] 우리나라의 은행 묘사 현재
키워드 banks, your country

2 [Int] 본인이 은행에 가면 하는 일 묘사 현재
키워드 you, usually do, go to the bank

3 [Adv] 어렸을 때 은행과 현재 은행 변화 과거-현재
키워드 a bank, childhood, different, today

4 [Adv] 본인의 은행 관련 문제/해결 경험 과거
키워드 problems, bank, solve

2 | 답변 소재 구축: 동일 답변 사용 가능한 문제 유형

1 [Int] 우리나라의 은행 묘사 [현재]

키워드 banks, your country

》 답변 방향과 소재 키워드

1. **우리나라 은행의 장소적 특징**
   tons of, downtown areas, strolling around, get crowded

2. **우리나라 은행의 내부 전경**
   ATMs available, tellers, counters, seating areas, security guards, wall-mounted screens

》 모범답변 분석   🎧 UNIT 23_01.mp3

우리나라 은행의 장소적 특징	① Like many other countries, there are <u>tons of</u> banks in Korea, especially in <u>downtown areas</u> where there are a lot of people <u>strolling around</u>. ② They tend to <u>get</u> pretty <u>crowded</u> during lunch time.
우리나라 은행의 내부 전경	③ In a typical bank, you'll find <u>ATMs available</u> for cash withdrawals. ④ <u>Tellers</u> are stationed at <u>counters</u>, and usually, there are <u>seating areas</u> for customers to wait. ⑤ <u>Security guards</u> are commonly present as well. ⑥ Also, there are <u>wall-mounted screens</u> displaying foreign currency exchange rates.
마무리 일단락	⑦ So, that's pretty much what I know about typical banks in Korea.

❶ 여느 나라들처럼 한국에도 많은 은행들이 있습니다. 특히 많은 사람들이 다니는 시내에 많이 위치하고 있죠. ❷ 점심시간에 꽤 붐비는 경향이 있습니다. ❸ 전형적인 은행에는 현금을 인출할 수 있는 ATM이 있습니다. ❹ 창구에는 직원들이 근무하고 있고, 보통은 고객들이 기다릴 수 있는 좌석도 마련되어 있습니다. ❺ 일반적으로 보안요원들도 상주하고 있죠. ❻ 또한, 외화 환율을 보여주는 벽면 스크린도 있습니다. ❼ 이 정도가 제가 한국의 일반적인 은행에 대해 알고 있는 부분입니다.

[Int] 본인이 은행에 가면 하는 일 묘사 **[현재]**

키워드 you, usually do, go to the bank

>> **답변 방향과 소재 키워드**

1. **은행에서 가장 먼저 하는 일**
   grab a number, head over to the teller

2. **은행에서 종종 하는 업무**
   open a new account, checking my balance, wiring money

3. **은행에서 드물게 하는 업무**
   deposit, withdraw, exchange currency, go in for a loan, get a new card issued

>> **모범답변 분석**

🎧 UNIT 23_02.mp3

은행에서 가장 먼저 하는 일	❶ When I go to the bank, my first move is to grab a number and wait for my turn. ❷ Once they call my number, I head over to the teller to sort out my stuff.
은행에서 종종 하는 업무	❸ I open a new account every now and then, maybe diving into a savings account and checking out interest rates. ❹ Sometimes, it's a checking account that I'm after. ❺ Most of the time, I'm checking my balance or wiring money.
은행에서 드물게 하는 업무	❻ I also deposit cash into my account or withdraw cash from my account. ❼ What else? ❽ Before jetting off on trips abroad, I exchange currency too. ❾ And if I'm strapped for cash, I might go in for a loan. ❿ And whenever I need to get a new card issued, I get that sorted too.
마무리 일단락	⓫ So, yeah, those are the typical tasks I do at banks.

❶ 은행에 방문할 때, 먼저 번호표를 뽑아서 대기하곤 합니다. ❷ 제 차례가 되면 창구로 가서 업무를 처리합니다. ❸ 가끔씩 새 계좌를 개설하는데, 저는 저축계좌를 파고 이자율을 확인하기도 합니다. ❹ 때로는 당좌 예금계좌를 만들기도 합니다. ❺ 대부분 시간은 잔액 확인이나 송금에 쓰여요. ❻ 계좌로 현금을 입금하거나 출금하기도 하죠. ❼ 또 무엇이 있을까요? ❽ 해외여행을 떠나기 전에 환전도 합니다. ❾ 긴급하게 현금이 필요하면 대출도 신청합니다. ❿ 그리고 새로운 카드 발급이 필요할 때는 언제든 그 일을 처리하기도 합니다. ⓫ 네, 그래서 이런 것들이 제가 은행에서 보통 하는 업무입니다.

3 **Adv** 어렸을 때 은행과 현재 은행 변화 과거-현재

키워드 a bank, childhood, different, today

➤➤ **답변 방향과 소재 키워드**

1. **과거의 은행 업무 방법**
   physical banks, call the bank

2. **현재의 은행 업무 방법**
   mobile banking apps, wherever you are, on the move, saves you time and hassle, real deal

➤➤ **모범답변 분석**   🎧 UNIT 23_03.mp3

어렸을 때에 비해 많이 발전한 은행	❶ Well, I think banking has become way better than when I was a kid. ❷ It's gone through a major glow-up, you know.
과거의 은행 업무 방법	❸ Think about it, you had to go to physical banks back then. ❹ And there was a time when you had to call the bank to ask for information.
현재의 은행 업무 방법	❺ Now, you can simply do that by using mobile apps. ❻ Thanks to those mobile banking apps, you can do your banking chores wherever you are. ❼ There are a few different types of apps to choose from, and you can even take care of banking chores when you are on the move. ❽ So, it saves you tons of time and hassle. ❾ These apps are the real deal now; everyone's hooked.
마무리 일단락	❿ Overall, mobile banking has made some decent upgrades over the years.

❶ 제가 어렸을 때보다 은행 업무를 보는 것은 많이 향상된 것 같습니다. ❷ 정말 엄청난 발전이 있었죠. ❸ 지금 생각해 보니, 예전에는 은행까지 직접 가야 했습니다. ❹ 또한, 예전에는 문의를 하려면 은행에 전화를 걸었어야 했습니다. ❺ 이제는 휴대전화 앱으로 간단하게 문의할 수 있습니다. ❻ 이제는 모바일 뱅킹 앱 덕분에 어디에 있더라도 은행 업무를 처리할 수 있어요. ❼ 다양한 종류의 앱이 있어서 선택 폭도 넓고, 이동 중에도 은행 업무를 볼 수 있어요. ❽ 그래서 시간과 수고를 아낄 수 있습니다. ❾ 이런 앱들이 요즘은 진짜 대세라고 할 수 있으며 모든 사람들이 즐겨 사용합니다. ❿ 전반적으로 모바일 뱅킹이 꽤나 발전한 것 같습니다.

4

키워드 problems, bank, solve

≫ **답변 방향과 소재 키워드**

1. **송금 중 휴대전화 배터리가 나가서 불편했던 경험**
   phone died, inconvenient, charged it up properly

2. **사무실 도착 후 충전, 추후 방전 대비**
   charged up, charger, battery pack, lasted longer

≫ **모범답변 분석** ⟿ 범용성 최상 답변(p11 학습 전략 참고)   🎧 UNIT 23_04.mp3

송금 중 휴대전화 배터리가 나가서 불편했던 경험	❶ I remember when my phone died when I had to do my banking chores a couple of days ago. ❷ I was about to use a mobile banking app to transfer money to one of my friends, just like I usually do. ❸ But since my phone was dead, I couldn't. ❹ It was inconvenient, and I wish I had charged it up properly beforehand.
사무실 도착 후 충전, 추후 방전 대비	❺ I got to my office eventually and charged up the phone. ❻ Now, I sometimes lug around my charger or a battery pack. ❼ It's a bit of a pain, but I gotta do what I gotta do. ❽ I wish phone batteries lasted longer though.

❶ 며칠 전 은행 업무를 보려고 했을 때 배터리가 꺼졌던 적이 있습니다. ❷ 친구에게 송금하려고 모바일 뱅킹 앱을 평소처럼 사용하려던 참이었어요. ❸ 하지만 휴대전화가 꺼지는 바람에 못 했죠. ❹ 정말 불편했고 충전을 제대로 해두지 않아서 정말 후회스러웠습니다. ❺ 결국 사무실에 와서 휴대전화를 충전했습니다. ❻ 그래서 이제는 가끔 충전기나 보조 배터리를 가지고 다니기도 합니다. ❼ 좀 번거롭긴 하지만 할 수 없죠 뭐. ❽ 휴대전화 배터리가 좀 더 오래가면 좋겠다는 생각이 듭니다.

UNIT
24 Appointment
(서비스) 예약

---

1 출제 유형 학습

STEP 1. 한국어로 주제별 실제 기출 성확히 파악해 두기

STEP 2. 영어 키워드 미리 알아두기

STEP 3. 키워드만으로 질문 유형과 시제 매칭하기

≫ 기출 분석하기

1 [Int] 본인이 하는 예약 종류 [현재]
키워드 kinds of places, different, appointments

2 [Int] 본인이 예약할 때 하는 일 묘사 [현재]
키워드 you, usually do, typical, appointment

3 [Adv] 어렸을 때 예약 경험 [과거]
키워드 appointment, remember, childhood, impression

4 [Adv] 기억에 남는 예약 경험 [과거]
키워드 appointment, remember, memorable

1

[Int] **본인이 하는 예약 종류** [현재]

키워드 kinds of places, different, appointments

>> 답변 방향과 소재 키워드

1. 미용실 예약

hair appointments, get a haircut/perm, get my hair dyed

2. 병원 예약

doctor's appointment, receive treatment, get medicine prescribed, have some tests done

>> 모범답변 분석　　　　　　　　　　　　　　　　　　　　　　　　　🎧 UNIT 24_01.mp3

미용실 예약	❶ Well, I make many kinds of appointments for different services in my life. ❷ I think I make hair appointments most often. ❸ I sometimes get a haircut or a perm. ❹ I also get my hair dyed when I want to change my look.
병원 예약	❺ What else? ❻ I make doctor's appointments when I am sick. ❼ When I go to the doctor, I receive treatment and get some medicine prescribed. ❽ I sometimes have some tests done as well.
예약의 이점	❾ Overall, I can save time by making appointments because I don't have to wait.

❶ 제 삶에서는 다양한 서비스를 위해 여러 가지 예약을 많이 합니다. ❷ 미용실 예약을 가장 자주 하게 되는 것 같아요. ❸ 가끔은 머리를 자르거나 파마를 하기도 해요. ❹ 새로운 모습으로 변화를 주고 싶을 때 머리 염색도 합니다. ❺ 또 뭐가 있을까요? ❻ 아플 때는 병원 예약을 하게 돼요. ❼ 병원에 가면 치료를 받고 약을 처방받습니다. ❽ 가끔은 검사도 받습니다. ❾ 전반적으로, 예약을 하면 기다릴 필요가 없어 시간을 절약할 수 있어요.

2 Int 본인이 예약할 때 하는 일 묘사 현재

키워드 you, usually do, typical, appointment

>> 답변 방향과 소재 키워드

1. **예약 방법의 종류**
   websites, mobile apps

2. **예약 과정**
   select preferred time, get a confirmation message

>> 모범답변 분석   🎧 UNIT 24_02.mp3

예약 방법의 종류	❶ Well, these days, making appointments online is available. ❷ So, you can just make an appointment on websites or on mobile apps.
예약 과정	❸ Once I select my preferred time through the app, I usually get a confirmation message for my appointment. ❹ I think using mobile apps is one of the easiest ways to make appointments. ❺ Using mobile apps has definitely become the norm because they save a lot of hassle.
마무리 일단락	❻ So, this is pretty much what I do when I make appointments.

❶ 요즘에는 온라인으로 예약하는 것이 가능합니다. ❷ 그래서 웹사이트나 모바일 앱에서 예약을 할 수 있어요. ❸ 앱을 통해 원하는 시간을 선택하면, 보통 예약 확인 메시지가 오는 편입니다. ❹ 모바일 앱을 이용하는 것이 가장 간편한 예약 방법 중 하나라고 생각해요. ❺ 모바일 앱을 사용하는 것은 번거로운 과정을 줄여주기 때문에 단언컨대 대세가 되었습니다. ❻ 그래서 저는 예약할 때 이 정도로 하고 있습니다.

3

Adv 어렸을 때 예약 경험 **과거**

키워드 appointment, remember, childhood, impression

>> 답변 방향과 소재 키워드

1. 과거의 예약 방법
visit physical places, make a call

2. 현재의 예약 방법
mobile apps, different types, on the move, saves time and hassle, real deal, hooked

>> 모범답변 분석 ━━> 범용성 최상 답변(p11 학습 전략 참고)   🎧 UNIT 24_03.mp3

어렸을 때에 비해 많이 발전한 예약 방법	❶ Well, I think making appointments has become way easier than when I was a kid. ❷ It's gone through a major glow-up, you know.
과거의 예약 방법	❸ Think about it, you had to visit physical places to make an appointment back then. ❹ And there was a time when you had to make a call to make an appointment.
현재의 예약 방법	❺ Now, you can simply do that by using mobile apps. ❻ Thanks to those mobile apps, you can make appointments wherever you are. ❼ There are a few different types of apps to choose from, and you can even make appointments when you are on the move. ❽ So, it saves you tons of time and hassle. ❾ These apps are the real deal now; everyone's hooked.
마무리 일단락	❿ Overall, making appointments online has undergone some decent upgrades over the years.

❶ 제가 어렸을 때보다 (서비스) 예약을 하는 것은 많이 향상된 것 같습니다. ❷ 정말 엄청난 발전이 있었죠. ❸ 지금 생각해 보니, 예전에는 실제 예약할 장소까지 직접 가야 했습니다. ❹ 또한 예전에는 예약을 하려면 전화를 걸었어야 했습니다. ❺ 이제는 휴대폰 앱으로 간단하게 예약할 수 있습니다. ❻ 이제는 모바일 앱 덕분에 어디에 있더라도 예약을 할 수 있어요. ❼ 다양한 종류의 앱이 있어서 선택 폭도 넓고, 이동 중에도 예약할 수 있어요. ❽ 그래서 많은 시간과 수고를 아낄 수 있습니다. ❾ 이런 앱들이 요즘은 진짜 대세라고 할 수 있는데, 모든 사람들이 좋아하죠. ❿ 전반적으로 온라인으로 예약하는 것이 꽤나 발전한 것 같습니다.

4 [Adv] **기억에 남는 예약 경험** [과거]

키워드 appointment, remember, memorable

>> 답변 방향과 소재 키워드

1. **예약 중 휴대전화 배터리가 나가서 불편했던 경험**
   phone died, frustrating, charged it up properly

2. **귀가 후 충전과 추후 방전 대비**
   charged up, charger, battery pack, lasted longer

>> 모범답변 분석 ～→ 범용성 최상 답변(p11 학습 전략 참고)   🎧 UNIT 24_04.mp3

예약 중 휴대전화 배터리가 나가서 불편했던 경험	❶ I remember when my phone died when I had to make an appointment a couple of days ago. ❷ I was about to make a hair appointment on my phone, just like I usually do. ❸ But since my phone was dead, I couldn't. ❹ My phone runs out of battery quite often because I do a lot of stuff on my phone. ❺ It was frustrating when my phone died and I wish I had charged it up properly beforehand.
귀가 후 충전과 추후 방전 대비	❻ I got home eventually and charged up the phone. ❼ Now, I sometimes carry around my charger or a battery pack. ❽ It's a bit of a pain, but I gotta do what I gotta do. ❾ I wish phone batteries lasted longer though.

❶ 며칠 전 예약을 하려고 했을 때 배터리가 꺼졌던 적이 있습니다. ❷ 평소처럼 휴대전화로 미용실 예약을 하려던 참이었어요. ❸ 하지만 휴대전화가 꺼지는 바람에 못 했죠. ❹ 저는 휴대전화로 워낙 많은 것들을 하기 때문에 휴대전화 배터리가 자주 소진됩니다. ❺ 그때 불편했고 충전을 제대로 해두지 않아서 정말 후회스러웠습니다. ❻ 결국 집에 와서 휴대전화를 충전했습니다. ❼ 그래서 이제는 가끔 충전기나 보조 배터리를 가지고 다니기도 합니다. ❽ 좀 번거롭긴 하지만 할 수 없죠 뭐. ❾ 휴대전화 배터리가 좀 더 오래 가면 좋겠다는 생각이 듭니다.

25 Role Play
롤플레이

저자 직강 보기   음원 듣기

1 문항별 출제 의도

롤플레이 유형은 13번을 제외한 11번, 12번에서 일반 유형과는 다른 언어적 기능을 확인하려는 출제 의도가 있다. 흔히 롤플레이는 연기력이 중요하다고 지도하는 수험서나 강의가 대부분이나 이는 사실이 아니다. 오픽은 수험자가 선택한 언어 체계의 높은 이해도가 반영된 의사소통에 필요한 기능을 확인하는 일종의 기능 시험이다. 문항별 출제 의도를 정확히 이해하여 무엇을 수행해야 하고 어떤 기능을 입증해야 하는지 알아보자.

Question 11 Intermediate Function
출제 목적 상황과 대상에 어울리는 질문(의문문) 구사 기능 요구

Question 12 Advanced Function
출제 목적 실생활에서 자주 직면할 법한 돌발적 문제를 설명할 수 있는 능력과 적절한 대안을 제시할 수 있는 언어적 기능 요구

Question 13 Advanced Function
출제 목적 위 상황이나 주제와 유사한 본인 경험을 시제를 일괄화하며 심층적으로 묘사할 수 있는 능력 요구

2 정형화된 유형 알아 두기

롤플레이 유형도 일반 유형과 마찬가지로 선택형 주제와 공통형 주제가 존재하지만, 기출 세트의 수가 주제별로 많기 때문에 모든 기출 세트에 맞춰 독립적인 답변을 대비하는 것은 물리적인 한계가 있다. 때문에 아래에 기출 족보의 빅데이터에 따라 분석된 정형화된 유형에 맞추어 범용성 있는 템플릿을 사용하여 대응하는 것이 가장 효율적인 방법이다. 일부 정형화된 패턴에서 벗어나는 특수 유형도 있으나 이는 전체 기출 족보 중 파이가 작으므로 많이 출제되는 정형화된 유형 대비에 집중하는 것을 추천한다. 수십 개의 기출 세트가 있지만, 그중 대다수는 다음의 유형에 속한다고 생각하면 된다.

1 **일반 유형 〈대상: 영업점〉**

Question 11	영업점에 제품/서비스 문의 (음성메시지/현장)
Question 12	상황: 제품/서비스의 문제 + 대안: 교환/환불 요청
Question 13	본인 유사 경험

2 **일반 유형 〈대상: 영업점〉**

Question 11	영업점에 서비스 문의 (음성메시지/현장)
Question 12	상황: 일정/예약 취소 + 대안: 일정/예약 변경 요청
Question 13	본인 유사 경험

3 **일반 유형 〈대상: 영업점〉**

Question 11	영업점에 제품/서비스 문의 (음성메시지/현장)
Question 12	상황: 분실 사실 전달 + 대안: 분실물 도움 요청
Question 13	본인 유사 경험

4 **일반 유형 〈대상: 친구/지인〉**

Question 11	친구/지인에게 함께할 일정 관련 질문
Question 12	상황: 불참/지각 설명 + 대안: 계획 변경 요청
Question 13	본인 유사 경험

5 **일반 유형 〈대상: 영업점 + 친구/지인〉**

Question 11	친구/영업점에 제품/서비스 문의 (음성메시지/현장)
Question 12	상황: 친구/지인에게 일정 차질 설명 + 대안: 일정/예약 변경 요청
Question 13	본인 유사 경험

6 **특수 유형 〈대상: 영업점 or 친구/지인〉**

Question 11	주제 관련하여 주어진 대상에게 질문하기
Question 12	특수한 문제 발생에 대한 상황 설명 대안 제시
Question 13	본인 유사 경험

11번 영업점 일반 문의

영업점을 대상으로 문의하라는 질문이 나오면 영업점의 종류를 불문하고 공통적으로 물어 볼 수 있는 문의
사항을 아래와 같은 템플릿으로 대응한다.

🎧 UNIT 25_01.mp3

용건	① Hi, I'm calling to ask about a few things regarding your products/services.
상품/서비스 관련 문의 사항	② Firstly, would you happen to have any discounts or promotions available at the moment? ③ I was also wondering if there are any additional charges associated with your products/services. ④ Also, do you have any upcoming events or sales that I should be aware of? ⑤ And could you perhaps recommend some best-selling products/services?
주차 관련 문의 사항	⑥ I have a couple more questions if you don't mind. ⑦ Do you happen to have parking available at your establishment? ⑧ And if so, could you please provide information on the parking fees?
마무리 요청	⑨ I'd appreciate it if you could call me back. ⑩ Thank you so much in advance.

① 안녕하세요, 거기 제품/서비스에 관한 몇 가지 사항에 대해 문의드리려고 합니다. ② 우선, 현재 할인 혹은 프로모션을 진행하고 계신지
알 수 있을까요? ③ 또한, 귀사 제품/서비스와 관련된 추가 요금이 있는지 궁금합니다. ④ 또한, 저희가 알아야 할 다가오는 행사나 세일이
있을까요? ⑤ 그리고, 베스트셀러 제품/서비스를 추천해 주실 수 있을까요? ⑥ 괜찮으시다면 추가로 여쭤보고 싶은 사항이 있습니다. ⑦
귀사 시설에서 주차장을 이용할 수 있는지 알 수 있을까요? ⑧ 만약 가능하다면, 주차 요금에 대한 정보를 알려주실 수 있을까요? ⑨ 다시
연락 주시면 감사하겠습니다. ⑩ 미리 감사드립니다.

12번 영업점의 제품/서비스에 문제가 생겼을 때

제품이나 서비스에 문제가 발생한 상황이면 문제의 종류를 불문하고 공통적으로 전달할 수 있는 대안을 아래와 같은 템플릿으로 대응한다.

🎧 UNIT 25_02.mp3

제품/서비스에 문제가 있음을 설명	① Hello, I recently got a 상품/서비스 from your 영업점, but unfortunately, there's a problem with it.
교환/환불 정중하게 요청	② So, I'm wondering if I could get an exchange or a refund. ③ I hope that's not too much trouble.
영업시간 문의	④ Could you please let me know when it would be convenient to visit your 영업점? ⑤ Also, what are your business hours, especially in the evenings? ⑥ Could you provide me with your operating hours for both weekdays and weekends?
메시지 마무리 멘트	⑦ Please give me a call when you have a moment. Thank you.

① 안녕하세요. 최근에 그 (영업점)에서 (상품/서비스)를 구매했습니다. 그러나 안타깝게도 문제가 있어서요. ② 그래서 말인데요, 교환하거나 환불을 받을 수 있는지 궁금합니다. ③ 너무 번거롭지 않길 바랍니다. ④ 제가 (영업점)을 방문하기 편한 시간을 알려주실 수 있을까요? ⑤ 또한 영업시간이 어떻게 되시나요, 특히 저녁에요? ⑥ 주중과 주말에 대한 운영 시간을 알려주실 수 있을까요? ⑦ 그럼 여유 있을 때 전화 주세요. 감사합니다.

개인, 환경적 사정으로 영업점 방문이나 일정 소화가 어려운 상황이면 사정의 종류를 불문하고 공통적으로 전달할 수 있는 대안을 아래와 같은 템플릿으로 대응한다.

🎧 UNIT 25_03.mp3

내가 어떤 고객인지 설명	① Hello, I'm a person who recently 무엇을 했는지 at your 영업점.
예정된 일자/시간에 방문이나 일정이 어려움을 설명	② Unfortunately, it seems I won't be able to make it to 일정/장소 due to a sudden family emergency.
일정 변경을 정중하게 요청	③ I'm hoping to reschedule my 일정, and I was wondering if you could assist me in making new arrangements. ④ Would that be possible? ⑤ I apologize for any inconvenience this may cause.
영업시간 문의	⑥ Could you please let me know when it would be convenient to visit your 영업점? ⑦ Also, what are your business hours, especially in the evenings? ⑧ Could you provide me with your operating hours for both weekdays and weekends?
메시지 마무리 멘트	⑨ Please give me a call when you have a moment. Thank you.

❶ 안녕하세요, 저는 그 (영업점)에서 (무언가를 한) 사람입니다. ❷ 안타깝게도 가족에게 긴급한 일이 발생해서 (일정/영업점)에 가지 못할 것 같습니다. ❸ 그래서 일정을 변경하고 싶습니다. 새로운 일정을 잡아주실 수 있을까요? ❹ 가능하실까요? ❺ 모든 번거로움에 대해 죄송합니다. ❻ 제가 (영업점)을 방문하기 편한 시간을 알려주실 수 있을까요? ❼ 또한 영업시간이 어떻게 되실까요, 특히 저녁에요? ❽ 주중과 주말에 대한 운영 시간을 알려주실 수 있을까요? ❾ 그럼 여유 있을 때 전화 주세요. 감사합니다.

12번 물건을 어딘가에 두고 온 문제가 생겼을 때

개인 소지품을 어딘가에 두고 온 상황이면 소지품의 종류를 불문하고 공통적으로 전달할 수 있는 대안을 아래와 같은 템플릿으로 대응한다.

🎧 UNIT 25_04.mp3

내가 어떤 고객인지 설명	① Hi there. I'm a person who visited your 영업점 yesterday.
물건을 두고 온 상황 설명	② I'm a bit worried because I believe I might have left my 물건 behind.
	③ It's a yellow 물건, and I think I might have left it on the counter.
두고 온 물건 확인과 정중하게 보관 요청	④ Would you mind checking if you have my 물건?
	⑤ I really need to find it as soon as possible.
	⑥ If it's there, could you please hold on to it for me?
	⑦ I'll swing by to pick it up.
번거로움에 대한 사과	⑧ Would that be possible?
	⑨ I apologize for any inconvenience this may cause.
영업시간 문의	⑩ Could you please let me know when it would be convenient to visit your 영업점?
	⑪ Also, what are your business hours, especially in the evenings?
	⑫ Could you provide me with your operating hours for both weekdays and weekends?
메시지 마무리 멘트	⑬ Please give me a call when you have a moment. Thank you.

① 안녕하세요. 저는 그 (영업점)에 어제 갔었던 사람입니다. ② 제 (물건)을 두고 온 것 같아서 조금 걱정되는데요. ③ 노란색 (물건)이고, 카운터에 두고 온 것 같습니다. ④ 혹시 제 (물건)이 있는지 확인해 주실 수 있을까요? ⑤ 제가 좀 급합니다. ⑥ 거기에 있다면 보관해 주시겠어요? ⑦ 그럼 제가 곧 찾으러 가겠습니다. ⑧ 가능하실까요? ⑨ 모든 번거로움에 대해 죄송합니다. ⑩ 제가 (영업점)을 방문하기 편한 시간을 알려주실 수 있을까요? ⑪ 그리고 영업시간이 어떻게 되실까요, 특히 저녁 시간에요? ⑫ 또한, 주중과 주말에 대한 운영 시간을 알려주실 수 있을까요? ⑬ 그럼 여유 있을 때 전화 주세요. 감사합니다.

친구와 약속을 잡아 만나야 하는 상황이면 모임의 종류를 불문하고 공통적으로 몰어 볼 수 있는 질문을 아래와 같은 템플릿으로 대응한다.

🎧 UNIT 25_05.mp3

친구에게 전화 용건 설명	❶ Hi, George. ❷ I just wanted to reach out before we finalize our plans to hang out. ❸ Here are a few questions.
친구가 가능한 시간 묻기	❹ What day works best for you? ❺ Are you available on weekends? ❻ And are you normally free during the day or evenings?
만남의 장소 묻기	❼ Any preference on where we should meet? ❽ Should we meet up at a bar or a restaurant? ❾ I can also go over to your place if you want.
함께 하고 싶은 일 묻기	❿ Is there anything specific you'd like to do? ⓫ How about we go see a movie? ⓬ Or how about we go shopping or something? ⓭ It's been a while, you know.
메시지 마무리 멘트	⓮ Let me know your thoughts on these, and we'll get our plans sorted out. ⓯ Looking forward to catching up soon.

❶ 안녕, 조지. ❷ 우리 만나기 전에 몇 가지 좀 상의하려고 연락했어. ❸ 몇 가지 궁금한 게 있어. ❹ 언제가 만나기 가장 좋을까? ❺ 주말에 시간 있어? ❻ 낮이랑 저녁 시간대 중에 주로 언제가 더 자유로워? ❼ 어디 만나고 싶은 장소가 있니? ❽ 식당이나 술집에서 만나는 것이 좋으려나? ❾ 네가 원한다면 내가 너희 집에 가도 되고. ❿ 뭐 특별히 하고 싶은 거 있어? ⓫ 영화 봐도 좋을 것 같고, ⓬ 아니면 쇼핑도 나쁘지 않을 것 같아. ⓭ 정말 오랜만에. ⓮ 생각해 보고 알려줘. 그리고 차차 정해보자. ⓯ 곧 만나자 그럼.

친구/지인과의 약속 등 만남이 어려운 상황이면 사정의 종류를 불문하고 공통적으로 전달할 수 있는 대안을 아래와 같은 템플릿으로 대응한다.

🎧 UNIT 25_06.mp3

친구/지인에게 일정이나 만남이 어려움을 설명	❶ Hey, George. I've got some unfortunate news. ❷ Looks like I won't be able to make it today.
이유 설명	❸ (I don't think I can make it on time.) ❹ (I think I'll be very late.) I'm actually sick right now. I'm not feeling well.
다음 만남을 기약하는 대안 제시	❺ So, how about we meet up next time? How about next Monday? ❻ If that doesn't work for you, I can shuffle things around for Thursday or Sunday. ❼ Just let me know what suits you best. ❽ Your call entirely; I'm flexible.
메시지 마무리 멘트	❾ Looking forward to hearing back from you. ❿ Take care. Bye.

❶ 안녕, 조지. 안타까운 소식이 있어. ❷ 오늘 우리 만나기로 한 약속은 못 갈 것 같아. ❸ (오늘 아무래도 약속에 제시간에 못 갈 것 같아.) ❹ (많이 늦을 것 같은데) 사실 내가 지금 좀 아프고 컨디션이 안 좋거든. ❺ 그래서 말인데, 다음에 만나는 건 어때? 다음 주 월요일 어때? ❻ 그게 안 된다면 목요일이나 일요일로 조율할 수 있어. ❼ 네가 좋은 시간을 알려주면 돼. ❽ 네 편한 대로 말해 줘. 나는 맞출 수 있으니까. ❾ 답 기다리고 있을게. ❿ 너도 몸 챙기고, 안녕.

Actual Test

Actual Test 1

Actual Test 2

Actual Test 3

Actual Test 1

Background Survey

1. 현재 귀하는 어느 분야에서 종사하고 계십니까?

☐ 사업/회사　　　☐ 재택근무/재택 사업　　　☐ 교사/교육자　　　☐ 군복무　　　☐ 일 경험 없음

2. 현재 귀하는 학생이십니까?

☐ 네　　　　　　　　　　　　　　　　　　☐ 아니오

2.2. 예전에 들었던 강의 목적은 무엇입니까?

☐ 학위 과정 수업　　　☐ 전문 기술 향상을 위한 평생 학습　　　☐ 어학 수업　　　☐ 수강 후 5년 이상 지남

3. 현재 귀하는 어디에 살고 계십니까?

☐ 개인주택이나 아파트에 홀로 거주

☐ 친구나 룸메이트와 함께 주택이나 아파트에 거주

☐ 가족(배우자/자녀/기타 가족 일원)과 함께 주택이나 아파트에 거주

☐ 학교 기숙사

☐ 군대 막사

4. 귀하는 여가 활동으로 주로 무엇을 하십니까? (두 개 이상 선택)

☐ 영화 보기　　　☐ 클럽/나이트클럽 가기　　　☐ 공연 보기　　　☐ 콘서트 보기

☐ 박물관 가기　　　☐ 공원 가기　　　☐ 캠핑하기　　　☐ 해변가기

☐ 스포츠 관람　　　☐ 주거개선　　　☐ 술집/바에 가기　　　☐ 카페/커피전문점 가기

☐ 게임하기(비디오, 카드, 보드, 휴대전화 등)　　　☐ 당구치기　　　☐ 체스하기

☐ SNS에 글 올리기　　　☐ 친구들과 문자 대화하기　　　☐ 시험 대비 과정 수강하기　　　☐ 구직활동 하기

☐ 리얼리티쇼 시청하기　　　☐ 뉴스를 보거나 듣기　　　☐ 요리 관련 프로그램 시청하기　　　☐ 쇼핑하기

☐ 차로 드라이브하기　　　☐ 스파/마사지 가게 가기　　　☐ TV 시청하기　　　☐ 자원봉사 하기

5. 귀하의 취미나 관심사는 무엇입니까? (한 개 이상 선택)

☐ 아이에게 책 읽어주기　　　☐ 음악 감상하기　　　☐ 악기 연주하기

☐ 글쓰기(편지, 단문, 시 등)　　　☐ 그림 그리기　　　☐ 요리하기

☐ 애완동물 기르기　　　☐ 독서　　　☐ 춤추기

☐ 주식 투자하기　　　☐ 신문 읽기　　　☐ 여행 관련 잡지나 블로그 읽기

☐ 사진 촬영하기　　　☐ 혼자 노래 부르거나 합창하기

6. 귀하는 주로 어떤 운동을 즐기십니까? (한 개 이상 선택)

☐ 농구　　　☐ 야구/소프트볼　　　☐ 축구　　　☐ 미식축구

☐ 하키　　　☐ 크로켓　　　☐ 골프　　　☐ 배구

☐ 테니스　　　☐ 배드민턴　　　☐ 탁구　　　☐ 수영

☐ 자전거　　　☐ 스키/스노보드　　　☐ 아이스 스케이트　　　☐ 조깅

☐ 걷기　　　☐ 요가　　　☐ 하이킹/트레킹　　　☐ 낚시

☐ 헬스　　　☐ 태권도　　　☐ 운동 수업 수강하기　　　☐ 운동을 전혀 하지 않음

7. 당신은 어떤 휴가나 출장을 다녀온 경험이 있습니까? (한 개 이상 선택)

☐ 국내 출장　　　☐ 해외 출장　　　☐ 집에서 보내는 휴가　　　☐ 국내 여행　　　☐ 해외여행

Q1 Let's start the interview now. Tell me something about yourself.

SET 1

Q2 I would like to now talk about where you live. Can you describe your home to me?

Q3 What is your normal routine at home? What kinds of housework do you?

Q4 Describe the home you lived in as a child. How was that home different from the home you live in now?

Q1 인터뷰를 시작하겠습니다. 본인 소개를 해주세요.

Q2 당신이 사는 곳에 대해 묻고 싶어요. 당신의 집을 묘사 해줄 수 있나요?
모범답변 p35   본인이 살고 있는 집/좋아하는 방 묘사
키워드   describe your home/favorite room

Q3 집에서 당신의 일상은 무엇인가요? 어떤 종류의 집안일을 하나요?
모범답변 p36   집에서의 일/집안일 묘사
키워드   normal routine/housework, weekdays, weekend, at home

Q4 당신이 어렸을 때 살던 집을 묘사해 주세요. 현재 당신이 살고 있는 집과 어떻게 다른가요?
모범답변 p37   어렸을 때 살던 집과 현재 집의 변화
키워드   home you lived, child, different, now

Q5 Tell me about the kinds of foods healthy people eat. What foods are they?

Q6 Describe how our ideas of what means to be healthy have changed over time.

Q7 Tell me about a specific incident related to being healthy that happened to you. Tell me the story from beginning to end.

Q5 건강한 사람들이 먹는 음식에 대해 말해 주세요. 그 음식들은 무엇인가요?
모범답변 p110 본인/건강한 사람들이 먹는 음식 종류/식습관 묘사
키워드 kinds of food/eating habits, healthy, you/people

Q6 시간이 지나면서 건강한 삶에 대한 인식이 어떻게 바뀌었는지 묘사해 주세요.
모범답변 p113 건강 유지를 위해 무언가를 배웠던/노력했던 계기/경험
키워드 learned, found out/did something new, eat/become healthier, growing up

Q7 건강을 위해 구체적으로 한 일에 대해 말해 주세요. 그 이야기를 처음부터 끝 까지 구체적으로 말해 주세요.
모범답변 p114 건강을 위해 했던 구체적 활동 경험
키워드 specific incident/particular activity, improve, being health up

SET 3

Q8 You indicated in the survey that you take vacations internationally. Can you describe for me one of the countries or cities you've visited?

Q9 Think about another country that you visited when you were young. Describe what this other country was like.

Q10 Tell me a specific story about a time that you or someone you know traveled outside of your country. Tell me the story of what happened from beginning to end.

Q8 당신은 서베이에서 해외여행을 간다고 선택했습니다. 당신이 방문한 나라나 도시를 묘사해 주세요.
모범답변 p67 본인이 가본 해외 여행지 묘사
키워드 you/tourists, vacations internationally, countries, cities, visited, look like

Q9 당신이 어렸을 때 방문했던 또 다른 나라를 생각해 보세요. 그 나라는 어땠는지 묘사해 주세요.
모범답변 p62 어렸을 때/처음 해외 여행 경험
키워드 trips, your youth, early trips/first trip

Q10 당신이나 당신의 지인이 해외 여행을 했던 이야기를 해주세요. 그 이야기를 처음부터 끝까지 자세하게 해주세요.
모범답변 p63 해외 여행 중 있었던 특별한 경험
키워드 travelling, unexpected, experience, unforgettable

Q11 You have been invited to a holiday party. Call your friend and ask when the party starts and what you should bring there. Ask some questions about the party.

Q12 You just had a car accident and you think you are going to be late for the holiday party. Call your friend, explain the situation, and give some alternatives regarding the situation.

Q13 That's the end of the situation. Have you ever made plans for trip or a party but had to cancel at the last minute because of something that happened unexpectedly?

Q11 당신은 휴일파티에 초대 되었습니다. 친구에게 전화해서 언제 파티가 시작되고 무엇을 가져가야 하는지 물어보세요. 파티에 대해 몇 가지를 질문하세요.
모범답변 p178 친구에게 휴일 파티에 대해 전화 질문
키워드 invited, all your friend, holiday party, ask questions

Q12 당신은 차 사고가 났고 휴일 파티에 늦을 것 같습니다. 친구에게 전화해서 상황을 설명하고 상황에 대해 몇 가지 대안을 제시 하세요.
모범답변 p179 차 사고가 나서 파티에 늦게 될 상황 설명/대안제시
키워드 car accident, be late, call your friend, explain, give alternatives

Q13 상황이 끝났습니다. 당신도 여행이나 파티를 계획했으나 예상치 못한 일이 생겨서 마지막 순간에 취소 해야 한 적이 있나요?
모범답변 p145 본인도 파티나 여행을 취소했던 경험
키워드 plans, trip, party, cancel, happened

SET 5

Q14 Talk about the most significant changes in shopping over the years.

Q15 What kinds of products and services do you hear shoppers are talking about the most these days. What are people saying about them and why?

Q14 수년간 쇼핑에 생긴 가장 큰 변화에 대해 말해 주세요.
모범답변 p106 사람들이 쇼핑하는 방법의 과거/현재 변화
키워드 shopping, changed, significant

Q15 요즘에 쇼핑객들이 거론하는 상품과 서비스의 종류는 무엇인가요? 그것에 대해 사람들이 뭐라고 말하며 왜 그런가요?
모범답변 p107 사람들이 관심 갖는 상품이나 서비스
키워드 products, services, shoppers, interest, these days

Actual Test 2

Background Survey

1. 현재 귀하는 어느 분야에서 종사하고 계십니까?

☐ 사업/회사　　　☐ 재택근무/재택 사업　　　☐ 교사/교육자　　　☐ 군복무　　　☐ 일 경험 없음

2. 현재 귀하는 학생이십니까?

☐ 네　　　　　　　　　　　　　　　　　　☐ 아니오

2.2. 예전에 들었던 강의 목적은 무엇입니까?

☐ 학위 과정 수업　　　☐ 전문 기술 향상을 위한 평생 학습　　　☐ 어학 수업　　　☐ 수강 후 5년 이상 지남

3. 현재 귀하는 어디에 살고 계십니까?

☐ 개인주택이나 아파트에 홀로 거주

☐ 친구나 룸메이트와 함께 주택이나 아파트에 거주

☐ 가족(배우자/자녀/기타 가족 일원)과 함께 주택이나 아파트에 거주

☐ 학교 기숙사

☐ 군대 막사

4. 귀하는 여가 활동으로 주로 무엇을 하십니까? (두 개 이상 선택)

☐ 영화 보기	☐ 클럽/나이트클럽 가기	☐ 공연 보기	☐ 콘서트 보기
☐ 박물관 가기	☐ 공원 가기	☐ 캠핑하기	☐ 해변가기
☐ 스포츠 관람	☐ 주거개선	☐ 술집/바에 가기	☐ 카페/커피전문점 가기
☐ 게임하기(비디오, 카드, 보드, 휴대전화 등)		☐ 당구치기	☐ 체스하기
☐ SNS에 글 올리기	☐ 친구들과 문자 대화하기	☐ 시험 대비 과정 수강하기	☐ 구직활동 하기
☐ 리얼리티쇼 시청하기	☐ 뉴스를 보거나 듣기	☐ 요리 관련 프로그램 시청하기	☐ 쇼핑하기
☐ 차로 드라이브하기	☐ 스파/마사지 가게 가기	☐ TV 시청하기	☐ 자원봉사 하기

5. 귀하의 취미나 관심사는 무엇입니까? (한 개 이상 선택)

☐ 아이에게 책 읽어주기	☐ 음악 감상하기	☐ 악기 연주하기
☐ 글쓰기(편지, 단문, 시 등)	☐ 그림 그리기	☐ 요리하기
☐ 애완동물 기르기	☐ 독서	☐ 춤추기
☐ 주식 투자하기	☐ 신문 읽기	☐ 여행 관련 잡지나 블로그 읽기
☐ 사진 촬영하기	☐ 혼자 노래 부르거나 합창하기	

6. 귀하는 주로 어떤 운동을 즐기십니까? (한 개 이상 선택)

☐ 농구	☐ 야구/소프트볼	☐ 축구	☐ 미식축구
☐ 하키	☐ 크로켓	☐ 골프	☐ 배구
☐ 테니스	☐ 배드민턴	☐ 탁구	☐ 수영
☐ 자전거	☐ 스키/스노보드	☐ 아이스 스케이트	☐ 조깅
☐ 걷기	☐ 요가	☐ 하이킹/트레킹	☐ 낚시
☐ 헬스	☐ 태권도	☐ 운동 수업 수강하기	☐ 운동을 전혀 하지 않음

7. 당신은 어떤 휴가나 출장을 다녀온 경험이 있습니까? (한 개 이상 선택)

☐ 국내 출장　　　☐ 해외 출장　　　☐ 집에서 보내는 휴가　　　☐ 국내 여행　　　☐ 해외여행

Q1 Let's start the interview now. Tell me something about yourself.

SET 1

Q2 You indicated in the survey that you take vacations domestically. Tell me some of the places you like to travel and why you like going there.

Q3 Can you tell me all the things you do in order to prepare to take trips?

Q4 Tell me about some of the trips you took in your youth. Where did you go? Who did you go with?

Q1 인터뷰를 시작하겠습니다. 본인 소개를 해주세요.

Q2 당신은 서베이에서 국내 여행을 간다고 선택했습니다. 어디로 여행 가는 것을 좋아하는지 장소들과 그 이유를 이야기해 주세요.
　　모범답변 p60　좋아하는 국내여행 장소 묘사
　　키워드　vacations domestically, places, you like

Q3 여행을 준비하기 위해 하는 일들을 말해 줄 수 있나요?
　　모범답변 p61　본인이 여행 가기 전에 하는 일
　　키워드　you do, prepare, trips

Q4 어렸을 때 다녀온 여행들에 대해 말해 주세요. 어디에 갔었나요? 누구와 다녀왔나요?
　　모범답변 p62　어렸을 때 여행 경험
　　키워드　trips, your youth, early trip

Q5 Tell me about the weather in your country. Are there different seasons?

Q6 Tell me more about the weather at where you are today.

Q7 Severe weather can often cause serious problems. Tell me about an experience you had when the weather created some kind of problems.

Q5 당신 나라의 날씨에 대해 말해 주세요. 여러 계절들이 존재하나요?
모범답변 p147 본인 나라의 날씨와 계절
키워드 weather, seasons, your country

Q6 당신이 오늘 있는 곳의 날씨에 대해 더 말해 주세요.
모범답변 p149 본인 나라의 어렸을 때 날씨와 현재 날씨 변화
키워드 weather, your country, changed, child, today

Q7 극심한 날씨는 심각한 문제를 자주 야기하곤하죠 날씨가 어떤 문제를 일으켰던 당신의 경험에 대해 말해 주세요.
모범답변 p150 극단적인 날씨를 겪어 본 경험
키워드 severe weather, serious, problems

Q8 Who are the people you would like to see or spend time with on your vacation?

Q9 Describe exactly what you did during the last vacation that you spent at home. Give me a description from the first to the last day of all the people you saw and everything that you did.

Q10 Could you tell me about an unusual, unexpected, or satisfying experience you had while at home on vacation? Tell me all the details of that experience.

Q8 휴가 때 당신이 함께 시간을 보내고 싶은 사람은 누구인가요?
모범답변 p94 휴가 중 만나고 싶은 사람 묘사
키워드 people, like to see, spend time, vacation

Q9 지난 휴가 때 집에서 당신이 무엇을 했는지 자세하게 묘사해 주세요. 첫 날부터 마지막 날까지 무엇을 했는지 전부 묘사해 주세요.
모범답변 p96 최근 집에서 보낸 휴가 경험
키워드 last vacation, at home, you did

Q10 당신이 집에서 휴가를 보내는 동안 겪었던 예상치 못하거나 만족스러운 경험에 대해 말해 줄 수 있나요?
모범답변 p97 집에서 보낸 특별한 휴가 경험
키워드 unusual, unexpected, experience, at home, vacation, memorable

Q11 You want to take a friend to see a movie. Call the movie theater and ask three or four questions to get the information you need.

Q12 When you and your friend arrive at the theater, you discover that you have been sold the wrong tickets. Explain the situation to the ticket seller in the booth and offer some alternatives.

Q13 Has this ever happened to you? Have you ever bought tickets or had reservations and something went wrong?

Q11 당신은 친구와 영화를 보러가려 합니다. 영화관에 전화해서 당신이 필요한 정보를 얻기 위한 몇 가지 질문을 하세요.

모범답변 p174 영화관에 친구와 함께 볼 영화표 구매 전화 문의

키워드 a friend, see a movie, call the theater, ask questions

Q12 당신과 당신의 친구가 영화관에 도착 했을 때 잘못 된 표를 받았다는 것을 알게 되었습니다. 매표소의 직원에게 상황을 설명하고 몇 가지 대안을 제시하세요.

모범답변 p175 영화관에서 본인에게 잘못 판매한 표 설명/대안 제시

키워드 arrive at the theater, discover, wrong tickets, explain, offer alternatives

Q13 당신도 이와 같은 경험이 있나요? 표를 구매했거나 예약을 했으나 무언가가 잘못 된 적이 있나요?

모범답변 p20 본인도 표 예매나 예약에 문제가 생겼던 경험

키워드 tickets, reservations, went wrong, experience

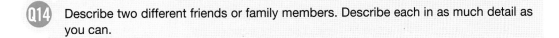

SET 5

Q14 Describe two different friends or family members. Describe each in as much detail as you can.

Q15 When you get together with friends and family, what are some of the topics of interests that are discussed. Why are these things of interest or concern?

Q14 두 명의 다른 친구나 가족 구성원을 묘사하세요. 각자를 가능한 한 자세하게 묘사해 주세요.
모범답변 p136 가족/친구 두 명 비교
키워드 early memory, visited, friends, family

Q15 친구나 가족과 함께 모일 때 어떤 관심사나 주제에 대해 이야기하나요? 이러한 것들이 왜 관심사나 걱정거리가 되는지 설명해 주세요.
모범답변 p140 가족/친구와 주로 나누는 대화 주제
키워드 last time, got together, visited, friends, family, memorable

Actual Test 3

Background Survey

1. 현재 귀하는 어느 분야에서 종사하고 계십니까?

☐ 사업/회사 ☐ 재택근무/재택 사업 ☐ 교사/교육자 ☐ 군복무 ☐ 일 경험 없음

2. 현재 귀하는 학생이십니까?

☐ 네 ☐ 아니오

2.2. 예전에 들었던 강의 목적은 무엇입니까?

☐ 학위 과정 수업 ☐ 전문 기술 향상을 위한 평생 학습 ☐ 어학 수업 ☐ 수강 후 5년 이상 지남

3. 현재 귀하는 어디에 살고 계십니까?

☐ 개인주택이나 아파트에 홀로 거주
☐ 친구나 룸메이트와 함께 주택이나 아파트에 거주
☐ 가족(배우자/자녀/기타 가족 일원)과 함께 주택이나 아파트에 거주
☐ 학교 기숙사
☐ 군대 막사

4. 귀하는 여가 활동으로 주로 무엇을 하십니까? (두 개 이상 선택)

☐ 영화 보기 ☐ 클럽/나이트클럽 가기 ☐ 공연 보기 ☐ 콘서트 보기
☐ 박물관 가기 ☐ 공원 가기 ☐ 캠핑하기 ☐ 해변가기
☐ 스포츠 관람 ☐ 주거개선 ☐ 술집/바에 가기 ☐ 카페/커피전문점 가기
☐ 게임하기(비디오, 카드, 보드, 휴대전화 등) ☐ 당구치기 ☐ 체스하기
☐ SNS에 글 올리기 ☐ 친구들과 문자 대화하기 ☐ 시험 대비 과정 수강하기 ☐ 구직활동 하기
☐ 리얼리티쇼 시청하기 ☐ 뉴스를 보거나 듣기 ☐ 요리 관련 프로그램 시청하기 ☐ 쇼핑하기
☐ 차로 드라이브하기 ☐ 스파/마사지 가게 가기 ☐ TV 시청하기 ☐ 자원봉사 하기

5. 귀하의 취미나 관심사는 무엇입니까? (한 개 이상 선택)

☐ 아이에게 책 읽어주기 ☐ 음악 감상하기 ☐ 악기 연주하기
☐ 글쓰기(편지, 단문, 시 등) ☐ 그림 그리기 ☐ 요리하기
☐ 애완동물 기르기 ☐ 독서 ☐ 춤추기
☐ 주식 투자하기 ☐ 신문 읽기 ☐ 여행 관련 잡지나 블로그 읽기
☐ 사진 촬영하기 ☐ 혼자 노래 부르거나 합창하기

6. 귀하는 주로 어떤 운동을 즐기십니까? (한 개 이상 선택)

☐ 농구 ☐ 야구/소프트볼 ☐ 축구 ☐ 미식축구
☐ 하키 ☐ 크로켓 ☐ 골프 ☐ 배구
☐ 테니스 ☐ 배드민턴 ☐ 탁구 ☐ 수영
☐ 자전거 ☐ 스키/스노보드 ☐ 아이스 스케이트 ☐ 조깅
☐ 걷기 ☐ 요가 ☐ 하이킹/트레킹 ☐ 낚시
☐ 헬스 ☐ 태권도 ☐ 운동 수업 수강하기 ☐ 운동을 전혀 하지 않음

7. 당신은 어떤 휴가나 출장을 다녀온 경험이 있습니까? (한 개 이상 선택)

☐ 국내 출장 ☐ 해외 출장 ☐ 집에서 보내는 휴가 ☐ 국내 여행 ☐ 해외여행

Q1 Let's start the interview now. Tell me something about yourself.

SET 1

Q2 What kinds of music do you listen to? Who are some of your favorite musicians and/or composers?

Q3 When and where do you usually go to listen to music? Tell me about the different ways you enjoy music.

Q4 When did you first become interested in music? Tell me how your interest in music developed from your childhood until today.

Q1 인터뷰를 시작하겠습니다. 본인 소개를 해주세요.

Q2 어떤 종류의 음악을 듣나요? 좋아하는 음악가나 작곡가는 누구인가요?
모범답변 p17 　본인이 좋아하는 음악 장르와 가수
키워드 　kinds of music, favorite musicians

Q3 보통 언제, 어디에서 음악을 듣나요? 음악을 즐기는 다양한 방법에 대해 이야기해 주세요.
모범답변 p18 　본인이 음악을 듣는 방법
키워드 　when and where, usually, different ways

Q4 음악에 처음으로 관심을 가지게 된 것은 언제였나요? 어릴 때부터 오늘날까지 어떻게 음악에 대한 관심이 발전해 왔는지 이야기해 주세요.
모범답변 p19 　본인이 음악을 처음 좋아하게 된 계기와 취향 변화
키워드 　interest, developed, childhood, today

Q5 Tell me about how people typically get around in your country. What are some typical means of transportation?

Q6 How did you travel when you were a child? Describe for me how people used to get around in your city or town.

Q7 Tell me about a transportation problem that you once faced. Tell me everything that you did in as much detail as possible to deal with the situation.

Q5 당신의 나라에서는 사람들이 일반적으로 어떻게 이동하나요? 일반적인 교통 수단에는 어떤 것들이 있나요?
모범답변 p158 본인 나라 사람들의 교통 수단 묘사
키워드 typically, get around, your country, transportation

Q6 어렸을 때 어떻게 이동했나요? 당신의 도시나 마을에서 사람들이 예전에 어떻게 이동했는지 묘사해 주세요.
모범답변 p160 어렸을 때 교통과 현재 교통 변화
키워드 travel, child, different, people, get around

Q7 언젠가 겪었던 교통 문제에 대해 이야기해 주세요. 그 상황을 처리하기 위해 무엇을 했는지 가능한 한 자세히 설명해 주세요.
모범답변 p161 교통편 사용 중 문제를 겪어 본 경험
키워드 problems, transportation, you faced

Q8 I would like to now talk about where you live. Tell me about your favorite room in your home.

Q9 There are always problems which happen in any home. Tell me about some problems or issues that have happened in your home.

Q10 Pick one of those problems you just mentioned and explain to me everything that happened.

Q8 당신이 사는 곳에 대해 알고싶어요. 당신 집에서 가장 좋아하는 방에 대해 이야기해 주세요.
모범답변 p35 본인이 살고 있는 집/좋아하는 방 묘사
키워드 describe your home/favorite room

Q9 어떤 집에서든 항상 문제가 발생하곤 합니다. 당신 집에서 일어난 문제나 이슈에 대해 이야기해 주세요.
모범답변 p39 집에 여러가지 문제들이 발생했던 경험
키워드 problems, happened, issues, your home

Q10 방금 언급한 문제 중 하나를 선택하고, 그 문제에 대해 모든 상황을 자세히 설명해 주세요.
모범답변 p40 발생한 문제 경험 중 한 가지 구체적 설명
키워드 pick one, problems, mentioned, explain, happened

Q11 You want to take a trip within your own country. Call the travel agent and ask three or four questions to find out what you need.

Q12 You have booked a non-refundable plane ticket. However, something has happened that prevents you from going next week. Call the travel agent, explain what has happened, and offer some alternatives to resolve the problem.

Q13 That's the end of the situation. There are times when something out of the ordinary happens while traveling. I wonder if you have ever experienced anything surprising, unexpected or unusual during a trip. Tell me the story of that experience in detail.

Q11 국내 여행을 가고 싶습니다. 여행사에 전화해서 필요한 정보를 얻기 위해 세 가지 또는 네 가지 질문을 하세요.
모범답변 p174 여행사 직원에게 여행 상품 전화 문의
키워드 take a trip, call the travel agent, ask questions

Q12 환불이 불가능한 비행기 표를 예약했습니다. 하지만 다음 주에 갈 수 없게 되었습니다. 여행사에 전화해서 무슨 일이 일어났는지 설명하고, 문제를 해결하기 위한 대안을 제시하세요.
모범답변 p176 여행사에 여행 계획 변경 필요 설명/대안 제시
키워드 booked, non-refundable, plane ticket, prevents you, going, explain, give alternatives

Q13 상황이 끝났습니다. 여행 중에 특별한 일이 일어날 때가 있습니다. 여행 중에 놀라운 일, 예상치 못한 일, 또는 특이한 일을 겪은 적이 있나요? 그 경험에 대한 이야기를 자세히 들려주세요.
모범답변 p63 기억에 남는 본인 여행 경험
키워드 traveling, experience, unusual, unforgettable

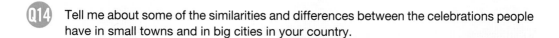

SET 5

Q14 Tell me about some of the similarities and differences between the celebrations people have in small towns and in big cities in your country.

Q15 What kinds of concerns do you hear people express when they have gatherings and celebrations in your area?

Q14 당신의 나라에서 사람들이 소도시와 대도시에서 하는 축하 행사들의 유사점과 차이점에 대해 이야기해 주세요.
모범답변 p88 모임/기념일의 과거-현재/지역간의 변화
키워드 gatherings, celebrations, changed, past, today, towns, cities

Q15 당신 지역에서 사람들이 모임과 축하 행사에서 표현하는 걱정거리들은 어떤 것들이 있나요?
모범답변 p92 휴일/기념일/모임 관련 사람들의 걱정과 사회적 이슈
키워드 issues, concerns, people have, holidays/gatherings/celebrations

MEMO